Cómo trabajar con (casi) todo el mundo

Michael Bungay Stanier

CÓMO TRABAJAR CON (CASI) TODO EL MUNDO

Cinco preguntas para construir relaciones laborales exitosas

Traducción de María Celina Rojas

EMPRESA ACTIVA

Argentina – Chile – Colombia – España
Estados Unidos – México – Perú – Uruguay

Título original: *How to Work with (Almost) Anyone*
Editor original: Page Two
Traducción: María Celina Rojas

1.ª edición: agosto 2025

Plaza de los Reyes Magos, 8, piso 1.º C y D – 28007 Madrid
www.empresaactiva.com
www.edicionesurano.com

ISBN: 978-84-18308-15-4
E-ISBN: 979-13-87557-22-5
Depósito legal: M-13.775-2025

Fotocomposición: Urano World Spain, S.A.U.
Impreso por Romanyà Valls, S.A. – Verdaguer, 1 – 08786 Capellades (Barcelona)

Impreso en España – *Printed in Spain*

La calidad de tus relaciones laborales determina
tu éxito y felicidad.
No la dejes en manos del azar.
Comienza a construir las mejores relaciones posibles.

Michael Bungay Stanier
(Es un nombre un tanto difícil de pronunciar,
por lo que muchas personas me llaman MBS).

Este libro es el comienzo de un movimiento
para mejorar diez millones
de relaciones laborales.

BestPossibleRelationship.com
#BestPossibleRelationship

Para todas las personas con las que he trabajado a lo largo de los años.
Gracias por enseñarme lo que significa trabajar bien juntos.

Índice

La Mejor Relación Posible 11

Las cinco preguntas de la conversación clave 25

Preparación para la conversación clave 27

La pregunta amplificadora: ¿Cuál es tu mejor versión?.......... 33

La pregunta constante: ¿Cuáles son tus hábitos y preferencias? ... 41

La pregunta de una buena cita: ¿Qué puedes aprender de relaciones exitosas del pasado? 47

La pregunta de una mala cita: ¿Qué puedes aprender de las relaciones frustrantes del pasado? 53

La pregunta reparadora: ¿Cómo solucionarás las cosas cuando salgan mal? 59

¿Cómo tener una conversación clave?....................... 67

Dirigir la conversación clave 69

Invitación: Da el primer paso 75

Al comienzo: Ve a lo seguro 81

A la mitad: Pregunta y responde............................. 87

Al final: Aprecia lo bueno.................................... 93

Has tenido un comienzo brillante............................. 99

Mantén viva tu Mejor Relación Posible 103

La desintegración es inevitable 105

Los seis principios del mantenimiento 109
Oriéntate: Conoce lo que está sucediendo 117
Ajusta siempre: Dar y ~~tomar~~ recibir 123
Repara con frecuencia: Gestiona el daño 129
Reinicia de ser necesario: Final (y comienzo). 135

Estamos gloriosamente entrelazados 143

Contenido extra: Conócete a ti mismo 149

Las partes jugosas al final 177

El amor es un verbo.

ESTHER PEREL

La Mejor Relación Posible

Relaciones laborales seguras,
vitales y reparables

No dejes tus relaciones en manos del azar

Tu felicidad y éxito dependen de tus relaciones laborales. De las personas que gestionas. De lo bien que trabajes con tu jefe. De la manera en la que colaboras con tus colegas y compañeros. De cómo conectas con importantes clientes potenciales y clientes clave.

Sin embargo, la dura realidad es la siguiente: la mayoría de nosotros deja la salud y el destino de esas relaciones en manos del azar. Decimos «Hola», intercambiamos cortesías, esperamos lo mejor y de inmediato nos ponemos a trabajar.

No resulta sorprendente. Lo que se necesita hacer es urgente, apremiante y se encuentra justo ahí. De manera que te arremangas, das el salto mientras cruzas los dedos y les rezas a los dioses para que la otra persona sea tan buena como parece... o, bueno, al menos un poco decente... En realidad, solo deseas que no sea una pesadilla. (A la mayoría de nosotros nos han decepcionado tanto que hemos bajado las expectativas de manera significativa.)

Pero pronto (algunas veces lleva semanas; otras, segundos), aparecen las primeras grietas. Un malentendido. Una expectativa no cumplida. Una irritación menor. Una acción extraña que sucede de manera aleatoria. Formas diferentes de ver el mundo o de hacer las cosas. Una riña provocada por el estrés.

En resumidas cuentas, una decepción.

Todas las relaciones se resienten en algún momento, ya sea una buena que se descarrila o una que fue mala desde el principio. Cuando eso sucede, la mayoría de nosotros no sabemos qué hacer. Culpamos a los demás, a nosotros mismos o al universo (o quizás a los tres). Todos conocemos los sentimientos de tristeza, decepción, irritación y frustración. Sin embargo, en gran medida nos resignamos al hecho de que las cosas son así: las relaciones siempre se resquebrajan un poco, o se vuelven algo estancadas, o un poco peores. *C'est la vie, c'est la guerre.* Seguimos adelante.

Pero no tiene por qué ser así.

Todas las relaciones laborales pueden mejorar

Imagina que pudieras:

- Mantener las relaciones excepcionales funcionando durante el mayor tiempo posible.
- Contener la disfunción de las relaciones caóticas para que sean menos dolorosas y más productivas.
- Restablecer la solidez de las relaciones estándares para que, cuando flaqueen, puedan recuperarse con mayor rapidez.

Una parte esencial de la solución es la misma para todas ellas: forjar de manera activa la Mejor Relación Posible (MRP). Cuando te comprometes a la MRP, te obligas de manera deliberada a diseñar y gestionar la manera en la que trabajas con otras personas, en lugar de simplemente aceptar lo que sucede. Con la MRP, creas vínculos que son seguros, vitales y reparables. Eso constituye la esencia de las relaciones laborales más felices y exitosas.

La MRP: Segura. Vital. Reparable.

El *Hombre de Vitruvio* es uno de los dibujos icónicos de Leonardo da Vinci: un hombre desnudo de frente, con los brazos y las piernas en dos posiciones diferentes, dentro de un círculo y un cuadrado. La intención era enseñar las proporciones humanas ideales, y la obra lleva el nombre del arquitecto romano Vitruvio, quien propuso que los tres atributos esenciales de una construcción fueran *firmitas* (firmeza), *utilitas* (utilidad) y *venustas* (belleza).

Crea relaciones que sean seguras, vitales y reparables.

No estamos erigiendo un templo a Diana aquí, pero necesitamos nuestros propios principios para comprender los cimientos de la Mejor Relación Posible. «La firmeza, la utilidad y la belleza» son opciones bastante buenas, pero podemos hacerlo mejor.

Una relación «segura» es aquella en la que eliminamos el miedo. Amy Edmondson, de la Escuela de Negocios de Harvard y defensora de la idea de la seguridad psicológica, describió el concepto de la siguiente manera: «La creencia de que no serás castigado o humillado por compartir ideas, hacer preguntas, expresar preocupaciones o cometer errores, y que el equipo es seguro para asumir riesgos interpersonales».

Un sólido conjunto de investigaciones confirma que la seguridad psicológica crea un éxito individual y compartido al desbloquear los beneficios de la diversidad, incrementar la agilidad a la hora de cambiar y expandir la capacidad de innovar.

Los riesgos de expresarse no solo hacen que las personas se sientan «menos que otras» en el trabajo. Demasiadas incluso temen estar presentes. Una investigación de Deloitte en 2013 mencionó el «encubrimiento», un término sociológico que describe cómo los individuos que tienen identidades estigmatizadas minimizan esa identidad y la esconden tanto como sea posible. La investigación descubrió que casi dos tercios de los empleados minimizan aspectos de sus identidades. Una iniciativa de Google destinada a estudiar la gestión (el llamado Project Oxygen) ha añadido recientemente la habilidad de «crear un entorno de trabajo inclusivo, que demuestre preocupación por el éxito y el bienestar» como una característica necesaria de un gran jefe.

El adjetivo «vital» trata de amplificar los aspectos positivos. He escogido esa palabra por su significado dual: tanto esencial como energizante. La vitalidad reconoce la característica de seguridad como requisito básico, y luego pregunta: ¿cuál es el juego y para qué estamos jugando? Encapsula la trinidad de Dan Pink de su libro *La sorprendente verdad sobre qué nos motiva*: la motivación de las personas proviene de un propósito, de la autonomía y la maestría. «Vital» significa forjar una relación laboral que posea la combinación correcta de apoyo y desafío, una en la que tengas la mejor posibilidad de realizar el trabajo que importa, de asumir responsabilidad y tomar decisiones propias, y de aprender y crecer.

El concepto de «reparable» se refiere a la realidad de que todas las relaciones cuentan con un grado de fragilidad y pasarán por momentos en los que se verán resquebrajadas (dañadas desde el interior) y abolladas (dañadas desde el exterior). Las características de «segura» y «vital» son geniales, pero si la relación flaquea ante el más mínimo daño, entonces carece de resiliencia. La Mejor Relación Posible no significa que nunca haya momentos difíciles, sino que existe el compromiso y la capacidad de reparar el problema y seguir adelante. Eso evita que el daño continúe escalando y se anquilose, y permite que una relación se restablezca y, muchas veces, continúe con más fuerza que antes.

Los efectos de las relaciones seguras, vitales y reparables se reflejan en niveles individuales y de organización. En un trabajo mejor hecho. En una mayor retención de personas esenciales. Una mejor salud mental. Una mayor prosperidad y compromiso. Y menos intervenciones de Recursos Humanos, desde arbitrajes hasta despidos.

La conversación clave

En el corazón de la creación de la Mejor Relación Posible se encuentra la conversación clave. En arquitectura, hay un elemento llamado «clave» que se ubica en la parte superior de un arco, donde une los dos lados en un equilibrio estable y permite que el arco soporte peso. A medida que la clave se asienta con el tiempo, el arco se vuelve más estable. Sin una clave, el arco colapsa.

En 1969, el zoólogo Robert Paine adaptó la idea. En la actualidad, en biología, una especie clave es aquella que influye de manera desproporcionada en el medio ambiente en relación con la abundancia de la especie. Es la fuerza organizadora para una ecología sana; sin ella, el ecosistema sería diferente de manera radical o simplemente terminaría colapsando.

Las personas se unen a una organización, pero renuncian por un jefe. No quieres ser ese jefe. No quieres trabajar con ese jefe.

Cuando se reintrodujeron los lobos en el Parque Nacional de Yellowstone en 1995 tras una ausencia de setenta años, se desató una cascada de cambios que continúa hasta el día de hoy. Una mayor cantidad de lobos hizo que los ciervos tuvieran menos tiempo para buscar comida, por lo que comenzó a proliferar una vegetación más robusta y sólida, como los sauces. Una mayor cantidad de estos árboles significó también una mayor cantidad de aves cantoras y de castores. Este aumento de castores cambió la forma del río. Ese río transformado provocó un aumento en el número de peces. Y así sucesivamente, una mayor resiliencia y diversidad, evolución y prosperidad.

Puedes escoger la metáfora que más te guste: arquitectura o ecología. En cualquier caso, la clave permite que el sistema tolere el estrés, se mantenga saludable y se vuelva más fuerte con el paso del tiempo. Apuntamos a obtener los mismos resultados con la conversación clave.

Así es como puedes utilizar la conversación clave para comenzar a forjar la Mejor Relación Posible. En primer lugar, prepárate respondiendo a las cinco preguntas esenciales:

- **La amplificadora:** ¿Cuál es tu mejor versión?
- **La constante:** ¿Cuáles son tus hábitos y preferencias?
- **La de una buena cita:** ¿Qué puedes aprender de relaciones exitosas del pasado?
- **La de una mala cita:** ¿Qué puedes aprender de relaciones frustrantes del pasado?
- **La reparadora:** ¿Cómo solucionarás las cosas cuando salgan mal?

Las preguntas son directas y poderosas. Tienen la sencillez suficiente como para responderlas de manera rápida..., pero también exigen un cierto trabajo para responderlas bien. Su magia radica en que crean una conversación que es atípica en la mayoría de las relaciones laborales. En las páginas siguientes encontrarás ejercicios y espacio para responder a cada una de las cinco preguntas. Te sorprenderá lo que vas a descubrir de ti mismo.

Luego, deberás tener la conversación. La encontrarás incómoda al principio, pero existen formas de hacerlo de una manera más relajada y menos estresante, tanto para ti como para la otra persona. Compartiré estrategias sobre cómo invitar a otra persona a tener esta conversación;

después, cómo hacerla menos difícil e incómoda al principio y más útil a la mitad, y qué se necesita para terminarla con solidez.

Por último, necesitas mantener tu MRP viva y próspera al aplicar un mantenimiento regular para que siga siendo segura, vital y reparable. Como sucede con casi todo lo que creamos, es necesario cuidar la relación.

Incluyo una sección extra: «Conócete a ti mismo». Esta frase marcó la Antigüedad y sigue siendo un consejo útil para la conversación clave y cualquier MRP. Esta sección incluye ejercicios que te ayudarán a ser más articulado y perspicaz sobre quién eres, con tus luces y sombras.

Pero ¿qué es el éxito? (No es lo que tú esperas)

La conversación clave crea la infraestructura para la Mejor Relación Posible al establecer tres cosas:

En primer lugar, genera una responsabilidad compartida. Crear la MRP representa un acto inesperado y a menudo contracultural en muchas organizaciones. Cuidar esa relación, tan esencial para el éxito y la felicidad, es responsabilidad de dos personas. ¿Cómo trabajaremos, juntos e individualmente, hacia ese objetivo compartido?

En segundo lugar, la conversación clave genera el permiso para seguir hablando sobre la relación en los buenos momentos y (de manera crucial) en los tiempos difíciles que hay en el camino. Reconoce que las cosas no siempre serán geniales y que la relación deberá ser ajustada, reparada, reactivada y revitalizada. Una vez que hayáis comenzado a preguntaros «¿Cómo queremos que sea esto?», podéis continuar con «¿Cómo nos está yendo?». El objetivo compartido de la Mejor Relación Posible se convierte en un tema permitido (e, idealmente, normalizado) de diálogo.

Por último, y de manera más evidente, la conversación clave te otorga una comprensión más profunda de la persona que se encuentra frente a ti. Quizás por momentos hayas percibido que otros no aprecian por completo todo lo que tú eres, tu complejidad y tus matices. La persona que se encuentra frente a ti siente exactamente lo mismo. Resulta muy fácil crear historias incompletas y erróneas sobre lo que nuestro interlocutor es, lo que le motiva y lo que puede ofrecer. Esta conversación te acerca a la verdad de la historia y a la humanidad de la otra persona.

No es terapia, no es Tinder. Pero quizás sea... radical

Este es un libro corto que está repleto de valor práctico. No se trata de un enfoque psicológico profundo (aunque utiliza ese saber) ni tampoco ofrece trucos simples al estilo de «deslizar a la derecha». En cambio, se encuentra en el punto óptimo para ayudarte a mejorar tus relaciones laborales fundamentales mediante el uso de herramientas prácticas a diario.

Te resultará útil si trabajas con otros seres humanos, tanto si te encuentras al comienzo de tu carrera o bien establecido en ella como si eres jefe o un colaborador individual. Funciona para relacionarte dentro de tu organización y con los accionistas. Puedes utilizar las herramientas para intentar comenzar una relación con el pie derecho o para mejorar una relación laboral que ya se encuentra en desarrollo.

Pero debes saber esto: en su aplicación, este trabajo también es radical.

Cuando le enseñé una primera versión de este libro a una amiga, una ejecutiva sénior de una empresa reconocida de Silicon Valley, me sugirió que abordara cuánta valentía y energía requiere invertir en la MRP. Me dijo que esa no era una manera normal de trabajar en la mayoría de las organizaciones. Tiene razón. Y si hasta ahora has estado leyendo esto con cierto escepticismo sobre si es posible, no estás solo. Es una primera impresión muy común.

Cuando decidas forjar las Mejores Relaciones Posibles y tener Conversaciones Clave, te encontrarás con resistencia, en especial la tuya. Es posible que alteres tus ideas actuales sobre cómo funcionan la jerarquía, el poder y el liderazgo. Será inusual, incómodo e inesperado, y eso es si lo haces con los trabajadores a quienes lideras. Si lo haces con personas más allá de tus empleados directos, será incluso más inesperado. Se volverá más fácil, pero al igual que con cualquier habilidad nueva, resultará difícil al principio. Estarás creando una nueva forma de trabajar con las personas.

El escritor William Gibson declaró que «el futuro ya está aquí; es solo que no está distribuido uniformemente». Cuando adoptas estos métodos, estás escogiendo ser el futuro. Es muy importante hablar sobre crear seguridad psicológica y un entorno laboral en el que las personas prosperen. Esta es una forma de hacerlo.

Sabiduría ganada con esfuerzo

En mis aproximadamente treinta años de comenzar, forjar, cultivar, romper, cuidar, ignorar, reparar, traicionar, celebrar y terminar relaciones laborales, he sido amado y también profundamente despreciado. Algunas personas han sacado lo mejor de mí mientras que otras han logrado (de manera temporal, por fortuna) aplastar mi espíritu, mi alma, mi determinación y mi confianza. Yo también he hecho eso mismo a otros.

Esos éxitos y fracasos representan una sabiduría ganada con esfuerzo, por lo que he volcado todo lo que he aprendido y sé que funciona en este libro. Si deseas forjar las Mejores Relaciones Posibles con tus personas clave, continúa leyendo.

¿Quién es la persona con la que deseas forjar la MRP?

Resulta útil tener a alguien en mente mientras lees este libro. Así tendrás una mejor idea de cómo la conversación clave funcionará en tu vida. A continuación, he incluido una especie de test «para completar» que te permitirá identificar algunas de las características que podrían conducirte hacia una persona u otra para forjar la MRP.

Identifica a tu persona MRP

RELACIÓN

- ☐ Un empleado directo
- ☐ Tu jefe
- ☐ Un compañero
- ☐ Un colega clave
- ☐ Un colega sénior
- ☐ Alguien con influencia
- ☐ Alguien con recursos
- ☐ Alguien con poder de control
- ☐ Un proveedor
- ☐ Un cliente potencial
- ☐ Un cliente

ETAPA DE LA RELACIÓN	SALUD DE LA RELACIÓN
☐ Recién incorporada	☐ No sujeta a prueba
☐ Completamente nueva	☐ Una maravilla
☐ Primeros días	☐ Frustrada y rota
☐ A mitad de camino	☐ Estancada
☐ Llegando a su fin	

¿POR QUÉ TE IMPORTA?

- ☐ Tengo el compromiso de que mis compañeros prosperen.
- ☐ Deseo encaminarnos al éxito.
- ☐ La manera en la que estamos trabajando actualmente es una fuente de infelicidad.
- ☐ Deseo mantener una relación positiva.
- ☐ Siento que hemos aceptado la mediocridad.
- ☐ Deseo una relación basada en la confianza y la responsabilidad.
- ☐ La manera en la que estamos trabajando juntos es una fuente de enfado y frustración.
- ☐ Quiero reducir las decepciones futuras.
- ☐ Deseo ser más valiente/claro/transparente en cómo me involucro en las relaciones laborales.
- ☐ Si no corregimos el curso ahora, quizás sea demasiado tarde.

Entonces... ¿quién es tu persona?

Descarga una plantilla para ayudarte a identificar a tu persona MRP (y obtener otros recursos) en BestPossibleRelationship.com o escanea el código QR.

Y entonces cada intento
es un nuevo comienzo,
una incursión en lo inarticulado.

T. S. ELIOT

Las cinco preguntas de la conversación clave

Aquello sobre lo que necesitas hablar cuando trabajas con otras personas

Preparación para la conversación clave

Para pagar mis estudios universitarios trabajé lavando platos, de manera que creía que sabía lo que sucedía en los restaurantes. Sin embargo, solo cuando empecé a ver en televisión programas de cocina como *Chef's Table* comencé a apreciar cuánto trabajo conlleva una buena comida.

Comprendí que el chef decidía qué ofrecer en el menú. Yo también había presenciado el drama de cocinar en sí mismo: los gritos para anunciar las comandas, muchas personas revolviendo y cocinando, condimentando y emplatando, y todas gritando «¡Sí, chef!» al unísono. Pero no me había dado cuenta de que la cocina abría horas antes para realizar una inconmensurable cantidad de preparaciones. Se troceaban y picaban vegetales para que tuvieran la forma perfecta, se preparaban los cortes de varias proteínas y se montaban las salsas. Solo puedes cocinar un plato fantástico si tienes a mano los ingredientes que necesitas.

Las páginas siguientes representan el momento en el que metafóricamente te colocas el delantal y afilas los cuchillos mientras te preparas para una conversación clave. En ellas encontrarás las cinco preguntas que configuran una conversación clave, un ejercicio fundamental para ayudarte a activar tu pensamiento y el espacio para articular tus respuestas. Algunas serán sencillas; otras, no tanto. Esto es lo que encontrarás.

- **La pregunta amplificadora** (¿Cuál es tu mejor versión?) te ayuda a identificar tus cualidades más importantes. Se encuentra en concordancia con disciplinas como la psicología positiva, la indagación apreciativa y el enfoque de desviación positiva para el cambio, donde el objetivo es centrarse en lo que está funcionando. Llámalo «subir el volumen a 11» (*Spinal Tap*) o «más cencerro» (*SNL*), pero se trata de amplificar lo bueno.

- **La pregunta constante** (¿Cuáles son tus hábitos y preferencias?) reconoce que todos somos animales de costumbres. Existe una predictibilidad constante sobre qué es lo que haces y cómo lo haces. Cuanto más les expliques a los demás los detalles de cómo te gusta trabajar, más fácil será para ellos apoyar tu mejor versión. Esta pregunta puede ser esclarecedora porque los hábitos son, por definición, acciones inconscientes. A menudo te ayuda a reconocer tus formas favoritas de trabajar por primera vez.
- **Las preguntas de una buena y una mala cita** (¿Qué puedes aprender de relaciones exitosas y frustrantes del pasado?) reconocen que, si bien todas tus relaciones pasadas han tenido sus peculiaridades individuales, proporcionan buena información sobre los patrones de éxito y fracaso. Al fijarte en lecciones del pasado, serás capaz de replicar lo que funciona y evitar lo que no. Tus respuestas te ayudarán a desarrollar, de manera activa, un entorno donde es más probable que prosperes.
- Finalmente, **la pregunta reparadora** (¿Cómo solucionarás las cosas cuando salgan mal?) se basa en la verdad incómoda de que toda relación laboral pasará por momentos difíciles. Esta pregunta no cree que «el tiempo cura todas las heridas». Tampoco asume que una vez que las cosas se rompan deban permanecer así. En cambio, ofrece oportunidades para acelerar el regreso al camino correcto tras decepciones, alteraciones y momentos de estancamiento.

¡Con calma, Gordon!

Buenas noticias: preparar las respuestas a las cinco preguntas no es tan intenso como estar en la cocina con Gordon Ramsay gritándote «¡Está crudo, maldita sea!» mientras realizas tu trabajo. Tómate tu tiempo. Sé valiente, vulnerable y honesto. No seas modesto con lo que está bien y no evites las partes caóticas de quien eres. No debes compartir cada detalle que descubras, pero cuanto más sólida sea tu preparación, más material tendrás para moldear tu MRP.

¿Deseas ahondar un poco más?

Es totalmente correcto responder a las cinco preguntas con el nivel de autoconocimiento que actualmente posees y con lo que los «Ejercicios fundamentales» saquen a la luz. Sin embargo, si te interesa expandir tu conocimiento, hacia el final del libro la sección extra de «Conócete a ti mismo» ofrece algunos ejercicios para profundizar más que pueden interesarte y resultarte útiles.

Descarga una plantilla para ayudarte a responder a las cinco preguntas y prepararte para la conversación clave (y obtener otros recursos) en BestPossibleRelationship.com o escanea el código QR.

La pregunta amplificadora: ¿Cuál es tu mejor versión?

La película *Free Solo* documenta cómo Alex Honnold escala con éxito El Capitán en el Parque Nacional de Yosemite. El Capitán es un muro de granito que sube, sube y sube 975 metros desde la base hasta la cima. A la mayoría de los equipos les lleva dos o tres días escalarlo utilizando cuerdas, mosquetones y aquellas tiendas de campaña que se cuelgan en las paredes rocosas. Honnold lo escaló solo y sin cuerdas («estilo solitario libre») en un tiempo récord: menos de cuatro horas. Resulta difícil respirar mientras lo observas ascender.

No creas que Honnold simplemente llegó un día al lugar y decidió escalar el muro. Una parte del poder del documental radica en exponer su obsesión de varios años: entrenar, coreografiar, visualizar y practicar de manera incansable. Cuando escaló El Capitán, Honnold sabía precisamente cómo necesitaba moverse por el espacio y dónde colocaría sus manos y pies.

Fue una hazaña similar al ascenso más famoso del mundo: la primera coronación del monte Everest en 1953. Durante seis semanas, Edmund Hillary y Tenzing Norgay fueron y vinieron, subieron y bajaron más de cuarenta veces, establecieron campamentos, exploraron qué había por delante, diseñaron rutas, se aclimataron, practicaron y, finalmente, el 29 de mayo hicieron cumbre.

Ambas son historias de personas que, literalmente, alcanzaron la cima. Esos momentos de llegar a su mejor versión combinan tres elementos. En primer lugar, sus talentos naturales: poder y gracia, músculos y pulmones. Luego, entra en juego cómo esas fortalezas se encausan con el tiempo, cómo miles de pequeños fracasos abren el camino hacia el éxito y cómo la práctica y la experiencia crean la maestría. Por último, también es necesario encontrar el momento y contexto correctos para expresar por completo lo que se ha aprendido durante el curso de una vida.

Alcanzar la cima

No todos buscamos la gloria de la alta montaña. Sin embargo, todos hemos tenido la oportunidad de descubrir nuestros talentos, trabajar para mejorarlos y comprender las situaciones y los momentos en los que somos nuestra mejor versión. Es por ello que la primera pregunta de la conversación clave es: «¿Cuál es tu mejor versión?». Te pide que menciones cuáles son tus mejores momentos, tus talentos, qué es lo que te encanta hacer, en qué eres bueno y cuándo tiendes a brillar.

El poder de la pregunta amplificadora

Una pregunta fundamental cuando estás teniendo dificultades con el cambio a nivel individual dentro de una organización es la siguiente: ¿Te centras en lo que no está funcionando o en lo que sí funciona? La tendencia general es encontrar soluciones. Sin embargo, un subconjunto de expertos en el cambio cree que amplificar lo que ya está funcionando es la mejor estrategia primaria. ¿Cómo tomas lo que está bien y lo vuelves más fuerte, brillante, mejor? ¿Cómo construyes autopistas en lugar de rellenar baches?

Tus fortalezas pueden incluir talentos técnicos, emocionales y relacionales. No obstante, ser bueno en algo no lo convierte de manera automática en una fortaleza. Marcus Buckingham, autor de numerosos libros sobre el tema, dice: «Una fortaleza es una actividad que te fortalece. Te atrae, consigue que el tiempo vuele mientras la realizas, y te hace sentir fuerte». Pero puedes ser bueno en algo y aun así descubrir que te quita energía en lugar de impulsarte.

La maldición de la competencia te atrapa haciendo aquello en lo que eres bueno, pero que no te satisface.

Te sentirás más feliz y exitoso si utilizas tus fortalezas con más frecuencia. Cuando tú y otra persona compartís cuáles son sus fortalezas, obtienes información sobre cómo tu MRP puede potenciarlas en ambos.

EJERCICIO FUNDAMENTAL

Habilidad versus satisfacción

La respuesta a «¿Cuál es tu mejor versión?» no consiste solo en identificar aquello en lo que eres bueno. De hecho, puedes sentirte atrapado por aquello que sabes hacer decentemente, ya que confundir ser «habilidoso» con sentirse «satisfecho» resulta bastante fácil. Cuando eres bueno en algo que no disfrutas, quedas atrapado por tu propio nivel de habilidad. Lo haces bien y, por lo tanto, los demás esperan que lo hagas. Lo haces bien, por lo que crees que debes hacerlo. Lo haces bien, por lo que no confías en que otros lo hagan. Esa es la maldición de la competencia.

Un resultado poderoso de este ejercicio es ser capaz de decir en la conversación clave: «Soy habilidoso en esto…, pero no me gusta hacerlo».

Para hacer este ejercicio, debes marcar la diferencia entre ser «habilidoso» y sentirte «satisfecho» con determinada actividad. Trabaja con una matriz de 2 x 2: un cuadrado con una cruz que lo divida en cuatro espacios iguales. Un eje es Habilidad (baja/alta) y el otro es Satisfacción (también baja/alta). Piensa en tus responsabilidades clave y en las tareas diarias más comunes y asígnales la casilla correspondiente.

Si eres afortunado, tendrás numerosas tareas en el cuadrado que combina los niveles altos: eres habilidoso haciéndolas y también te sientes satisfecho con ellas. Si tienes el deseo de aprender y crecer, te maravillarás de encontrar algunas cosas en la casilla que combina Baja Habilidad/Alta Satisfacción. Y si eres humano, tendrás elementos dispuestos diagonalmente en el cuadrado opuesto: Baja Satisfacción/Alta Habilidad.

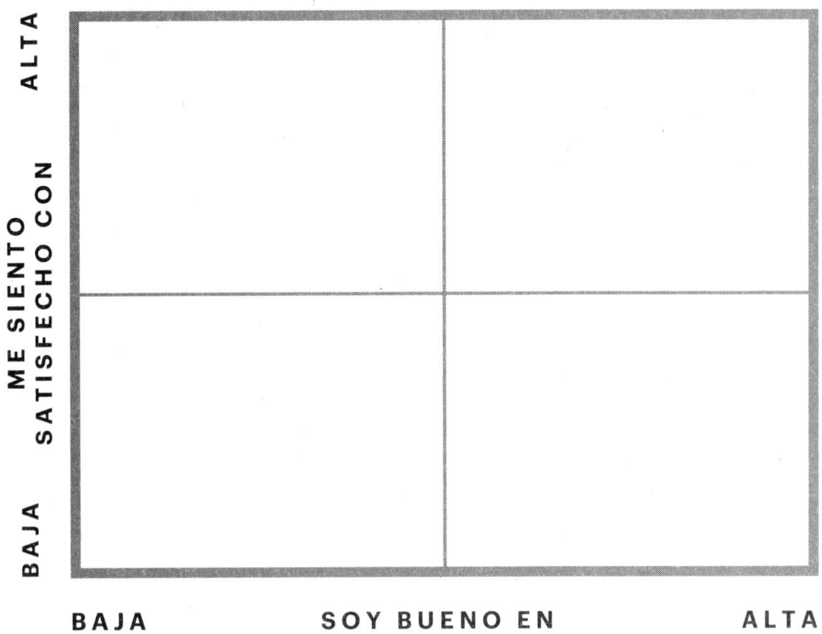

Tu respuesta a la pregunta amplificadora

¿CUÁL ES TU MEJOR VERSIÓN?

¿Deseas ahondar un poco más?

Profundiza en tus respuestas con estos dos ejercicios de «Conócete a ti mismo» (p. 153):

Arquetipos • El amigo fanfarrón

Descarga una plantilla para ayudarte a responder a las cinco preguntas y prepararte para la conversación clave (y obtener otros recursos) en BestPossibleRelationship.com o escanea el código QR.

La pregunta constante: ¿Cuáles son tus hábitos y preferencias?

Cuando me entrevistan en un pódcast, en ocasiones me piden que mencione mi libro favorito. Mi elegido es *Una breve historia de casi todo*, de Bill Bryson. Si sientes que la escuela le quitó toda la diversión a la ciencia, este libro te devolverá la vida. Bryson no solo hace que la ciencia sea fascinante. Hace que el mundo en el que vivimos sea más mágico y más extraordinario.

Uno de los primeros capítulos explica cuánto debió suceder para que nuestra vida del siglo XXI sea posible, y toma la Luna como ejemplo. Contamos con un satélite increíblemente grande en relación con el tamaño de nuestro planeta. En comparación, fíjate en las medidas de Ío, Europa, Ganímedes y las otras setentaitantas lunas de Júpiter. Son diminutas.

«¿Y eso qué significa?», te preguntarás.

El tamaño de nuestra luna evita que la Tierra oscile de manera demasiado errática sobre su eje. Eso genera estaciones predecibles y constantes. Lo que significa que no solo podemos programar unas buenas vacaciones de verano, sino que, lo que es más importante, podemos cultivar la tierra y cosechar alimentos. Trigo en primavera. Frambuesas en verano. Manzanas en otoño.

Un ciclo constante de cultivos le permitió a la civilización tener un comienzo y prosperar. En la actualidad, más de la mitad de la humanidad vive en ciudades, y nuestra evolución (con la luz y la oscuridad que eso implica) está aferrada a nuestra raigambre. En otras palabras, hay vida en la Tierra, pero no estarías leyendo este libro ahora si no fuera por el trabajo sólido de la Luna de estabilizar el planeta durante los últimos miles de millones de años.

Un eje estable

Tú también cuentas con un eje estable y mantienes un ritmo constante. Ah, no me malinterpretes: algunas partes de ti son erráticas y aleatorias.

Sin embargo, existen formas en las que eres completamente predecible y sólidamente constante. Mantienes tus propios hábitos y rutinas.

La segunda pregunta de la conversación clave te pide que seas explícito: ¿Cuáles son tus hábitos y preferencias?

El poder de la pregunta constante

Con el tiempo, has desarrollado y refinado cómo trabajas. Algunas de las prácticas ya las conoces. Son cuestiones de sentido común para ti, pero es posible que sean peculiares y quizás hasta inexplicables para los demás. Existen otras prácticas que ignoras porque son inconscientes y nunca te han pedido que las menciones.

La MRP no puede necesariamente acomodar todas tus formas favoritas de interactuar. No obstante, conocer tus preferencias y compartirlas significa que tú y la otra persona podréis distinguir dónde vuestros hábitos son iguales y dónde son diferentes y pueden provocar un conflicto. Veréis cómo, entre los dos, lográis incorporar las diferentes formas con las que disfrutáis trabajando.

EJERCICIO FUNDAMENTAL

Un «Acerca de mí» detallado

Un enfoque popular para forjar relaciones laborales con los demás es el documento «Acerca de mí». La idea es que completes tus «Formas de hacer las cosas» y luego se lo envíes a otras personas. «Si yo fuera una estantería de IKEA —dice la premisa—, así es como me ensamblarías para tener la mínima oscilación y el máximo nivel de estética nórdica.»

Es un gran comienzo. Cuéntales a los demás si eres una persona que disfruta las mañanas o las tardes, cuándo respondes a los mensajes y cuándo no, si prefieres comunicarte por un programa de mensajería instantánea o por correo electrónico, cómo te gusta que te proporcionen *feedback*, y así sucesivamente.

Sin embargo, debes conocer las limitaciones de los documentos «Acerca de mí». En primer lugar, son muy yo, yo, yo: «Me gusta esto y quiero eso y espero lo otro». En segundo lugar, asumen que, al informar a otros de manera presuntuosa sobre tus hábitos y preferencias, el trabajo ya está hecho. Eso es poco probable. Las escasas personas que leen tales documentos en raras ocasiones recuerdan mucho de ellos. Es por esta razón que utilizaremos la estructura del «Acerca de mí» para preparar un intercambio de conversaciones.

Para este ejercicio, haz una lista de tus preferencias. Aquí presento nueve aspectos que son particularmente útiles de aclarar:

- ¿Cómo te llamas? ¿Cómo no te llamas? ¿Qué otro lenguaje en torno a la identidad, de haber alguno, es importante para ti?
- ¿Eres extrovertido o introvertido? ¿Qué significa eso para ti y cómo se traslada a tu forma de trabajar?
- ¿En qué momento del día trabajas mejor?
- ¿Qué peculiaridades comunicativas tienes? ¿Preferencias de canal? ¿Abreviaturas? ¿Patrones en cuanto a responder o no responder?
- ¿Cómo sería para ti una buena reunión? ¿Qué no sería una buena reunión?
- ¿Qué *feedback* tiende a ser el más útil para ti? ¿Cómo prefieres que te lo expresen?
- ¿Cómo gestionas las fechas de entrega y los logros? ¿Trabajas de manera constante o tiendes a hacerlo de manera apresurada al final?
- ¿Comienzas por el panorama general y trabajas hacia los detalles o viceversa?
- ¿Qué cosas, al parecer inocuas, te vuelven loco?

Tu respuesta a la pregunta constante:
¿Cuáles son tus hábitos y preferencias?

¿Deseas ahondar un poco más?

Profundiza en tus respuestas con estos dos ejercicios de «Conócete a ti mismo» (p. 158):
¿Dónde aprendiste tus hábitos de trabajo? • ¿Calmado o volátil?

Descarga una plantilla para ayudarte a responder a las cinco preguntas y prepararte para la conversación clave (y obtener otros recursos) en BestPossibleRelationship.com o escanea el código QR.

La pregunta de una buena cita: ¿Qué puedes aprender de relaciones exitosas del pasado?

Como un actor muy pequeño en el mundo de la «creación de contenido», he tenido que aprender los aspectos básicos sobre grabar vídeos en un estudio. Tuve la fortuna de que uno de mis primeros colaboradores y mentores, Mark Bowden, ha sido director y actor de cine: todos los primeros planos del general orco de *El señor de los anillos* son de Mark con mucho maquillaje encima.

Cada uno de los aproximadamente treinta vídeos del programa de capacitación que Mark y yo creamos juntos cuenta con su propia disposición. Cuando tomas una decisión de diseño como esta, te das cuenta de por qué hay tantas personas en un equipo de filmación. Hay muchas cosas que colocar, recolocar y volver a colocar... y luego ajustar los detalles.

Lo más complicado de todo parece ser la iluminación. Muchos de nosotros tomamos un curso acelerado, inspirado por la pandemia, sobre cómo dejar de parecer un cadáver en Zoom. Pero filmar con tres o cuatro cámaras se encuentra a otro nivel. La luz principal, la luz focalizada, la luz trasera, las sombras donde las necesitas y la luz donde no. Los iluminadores se encuentran siempre ajustando cosas, moviendo un poco los objetos a la izquierda o a la derecha, bajando y subiendo el brillo, agregando y quitando filtros.

Brillo

Sin embargo, cuando te acompaña un genio de la iluminación, el resultado es mágico. Donde sea que oculte su «talento», lo usa para iluminarte y que luzcas de la mejor manera. Brilla. Tú también has tenido momentos en los que has brillado en una relación laboral. No puedes atribuírselo a un buen aro de luz, a una capa de base de maquillaje y a un poco de gomina para el cabello aplicada con destreza. Es por ello que la tercera pregunta de la conversación clave te alienta a compartir la historia y los aprendizajes de lo que ha funcionado con anterioridad: ¿Qué puedes aprender de relaciones exitosas del pasado?

El poder de la pregunta de una buena cita

Rememora una de tus relaciones laborales pasadas favoritas: un jefe, un empleado directo, un colega, un proveedor o alguien con quien la experiencia haya sido notablemente mejor que con otras personas. Te sentiste valorado y comprendido; hallaste el equilibrio justo entre desafío y apoyo. Encontraste conexión y concordancia de objetivos, y se realizó un buen trabajo. Esa persona sacó lo mejor de ti, y tú hiciste lo mismo con ella.

En realidad, fue algo increíblemente fácil. «Conectasteis» y las cosas salieron bien. Cuando hubo un traspié, no pareció importar demasiado: lo pudisteis resolver. En todo caso, gestionar ese estrés fortaleció la relación en lugar de dañarla.

Es probable que haya existido una cuota de suerte, que haya sucedido en el momento correcto y que ambos lados de la ecuación hayan trabajado duro. Pero, de alguna manera, entre los dos lograsteis ver por fin la luz. Ahí reside la sabiduría que debe sacarse de esa relación exitosa. Aprovéchala al máximo. Descubre cómo lo conseguisteis.

EJERCICIO FUNDAMENTAL

¿Cómo forjaste esa relación?

En general, somos un desastre a la hora de atribuir con precisión la responsabilidad del éxito. El llamado «sesgo de autoservicio» implica que le atribuimos más peso del que corresponde a nuestra propia injerencia en aquello que funciona; también le atribuimos más culpa a la otra persona por lo que no está funcionando.

De modo que comienza este ejercicio celebrando el papel de la otra parte en el éxito de la relación.

- ¿Qué dijo (y omitió decir)? ¿Qué palabras marcaron la diferencia?
- ¿Qué hizo (y omitió hacer)? ¿Qué acciones elevaron y nutrieron la relación?

- ¿Cómo se comportó? ¿Qué cualidades mostró que contribuyeron a mejorar lo que ya estaba presente?

Ahora que ya le has otorgado al otro el crédito correspondiente, toma el reconocimiento que te mereces tú. No seas extremadamente modesto. La relación fue tan buena en parte por la manera en la que decidiste estar presente.

- ¿Qué dijiste (y omitiste decir)? ¿Cuáles fueron las palabras medidas que utilizaste?
- ¿Qué hiciste (y omitiste hacer)? ¿Qué acciones grandes y pequeñas contribuyeron a lo bueno?
- ¿Cómo te comportaste? ¿Cómo actuaste para ayudar a ambos a causar una gran impresión?

A menudo subestimamos el entorno del éxito. No sucede solo debido a ti y a la otra persona. El momento y el lugar también contribuyeron a que las cosas funcionaran bien. ¿Qué destacarías aquí?

- ¿Qué aspectos del contexto permitieron que la relación prosperara? ¿Quién más tuvo un papel importante?
- ¿Qué momentos pusieron a prueba la relación, una prueba que gestionasteis con éxito? ¿Qué conclusiones has sacado de esas situaciones?

Tu respuesta a la pregunta de una buena cita:

¿Qué puedes aprender de las relaciones exitosas del pasado?

¿Deseas ahondar un poco más?

Profundiza en tus respuestas con estos dos ejercicios de «Conócete a ti mismo» (p. 162):

¿Cómo te han amado? • El juego del escondite

Descarga una plantilla para ayudarte a responder a las cinco preguntas y prepararte para la conversación clave (y obtener otros recursos) en BestPossibleRelationship.com o escanea el código QR.

La pregunta de una mala cita: ¿Qué puedes aprender de las relaciones frustrantes del pasado?

La serie *Stranger Things*, de Netflix, no solo puso el mundo del revés y nos trajo todos sus horrores asociados. Hizo que el juego de rol *Dungeons & Dragons* fuera algo genial para una nueva generación. Yo pertenezco a la antigua generación. Comencé a jugar a *D&D* en mi adolescencia, y mis amigos y yo echábamos largas partidas durante los fines de semana, y solo descansábamos ocasionalmente para jugar al críquet en el jardín trasero.

Cuando se hizo un torneo sobre este juego en nuestra ciudad, nos apuntamos y derrotamos a todo el mundo (literal y figuradamente). Éramos invencibles. Cuando lanzábamos una flecha, asesinábamos no a un orco, sino a tres. Cuando necesitábamos obtener un cien (un 1 % de posibilidades), lo hacíamos y desbloqueábamos el gran secreto que aseguraba nuestra victoria. Fue glorioso.

Doce meses más tarde, se convocó un nuevo torneo. No habíamos jugado durante ese año (por el estrés de la escuela, por intentar conseguir una cita, etcétera), pero aún confiábamos en repetir el éxito del año anterior.

Sin embargo, fue una experiencia distinta por completo. Nuestro *Dungeon Master* no era como el anterior y no se dejaba intimidar fácilmente. Tuvimos un mal comienzo (daños considerables de una emboscada durante los primeros cuatro minutos), avanzamos tambaleantes para que un cubo gelatinoso nos hiciera más daño y finalmente morimos cuando caímos en una trampa que desató una tormenta de flechas de ballesta. Habíamos jugado durante exactamente dieciocho minutos y estábamos fuera del torneo.

Comienza mal y termina peor

El consuelo fue que, al menos, nuestra muerte en *D&D* había sido rápida. No puede decirse lo mismo de algunas relaciones laborales. Ya sabes cómo sucede. Llegas con esperanzas. Te entusiasma comenzar el camino juntos. Pero por alguna razón la relación empieza con el pie izquierdo y se vuelve cada vez más caótica, difícil, confusa y frustrante con el paso del tiempo.

Sin embargo, esas experiencias pasadas ahora pueden ser una gran fuente de sabiduría. Demuestran qué condiciones necesitas para prosperar y, lo que es más jugoso, las formas en las que te comportas mal para socavar y sabotear relaciones. Es por ello que la cuarta pregunta de la conversación clave es opuesta a la tercera: ¿Qué puedes aprender de relaciones frustrantes del pasado?

El poder de la pregunta de una mala cita

Algunos de los datos más valiosos que puedes compartir en la conversación clave son los detalles de las relaciones laborales pasadas que representaron un obstáculo. El instinto es esconderlas o culpar al otro por el desastre, pero eso es un error. Sí, él tuvo su responsabilidad. Pero tú también eras parte de esa dinámica.

Es posible que hayas sentido que esa experiencia era profundamente personal y única (y lo fue), pero al mismo tiempo también dejaba al descubierto un patrón que se repetía. Los detalles que descubras al analizarla te ofrecerán pistas de las dinámicas recurrentes que quizás quieras evitar (o al menos gestionar activamente) en una nueva ocasión. Hay «sabiduría en las heridas». Explora tu comportamiento y el de la otra persona, así como la situación, y descubre qué puedes aprender de aquellas experiencias pasadas que fueron difíciles.

EJERCICIO FUNDAMENTAL

¿Cómo destruiste esa relación?

Este es el ejercicio equivalente a «¿Cómo forjaste esa relación?» del capítulo anterior. En ese momento, te pregunté primero qué había hecho la otra persona y luego qué habías hecho tú para contrarrestar la tendencia humana a acaparar más crédito del que corresponde cuando las cosas salen bien. Ahora, para gestionar el sesgo opuesto de adjudicarle más culpa a los demás que a ti mismo cuando las cosas salen mal, comencemos con que tú te adjudiques parte de la responsabilidad del desastre.

- ¿Qué dijiste (y omitiste decir)? ¿Qué palabras y silencios causaron daño?
- ¿Qué hiciste (y omitiste hacer)? ¿Qué acciones grandes y pequeñas socavaron las buenas intenciones?
- ¿Cómo te comportaste? ¿Qué acciones tomaste que deterioraron la dinámica?

Sin embargo, no fuiste solo tú quien convirtió en difícil la relación. No cargues con toda la culpa. ¿Cómo contribuyó la otra parte al desastre?

- ¿Qué dijo (y omitió decir)? ¿Qué te hizo sentir enfadado o frustrado o triste?
- ¿Qué hizo (y omitió hacer)? ¿Qué acciones se convirtieron en obstáculos?
- ¿Cómo se comportó? ¿Qué cualidades exhibió que, honestamente, fueron terribles?

Por último, no fuisteis solo tú y la otra persona. El tiempo y el lugar siempre influyen en lo que sucede. ¿Qué destacas sobre el contexto?

- ¿Qué aspectos del contexto hicieron que las probabilidades estuvieran en su contra? ¿Quién más tuvo un papel importante?
- ¿Qué momentos pusieron a prueba la relación, momentos que no lograron resolver y que fueron particularmente dañinos? ¿Qué conclusiones has sacado de esas situaciones?

Tu respuesta a la pregunta de la mala cita:
¿Qué puedes aprender de las relaciones frustrantes del pasado?

¿Deseas ahondar un poco más?

Profundiza en tus respuestas con estos dos ejercicios de «Conócete a ti mismo» (p. 166):

¿Qué es lo que los demás malinterpretan sobre ti? • Reclama tu papel de villano

Descarga una plantilla para ayudarte a responder a las cinco preguntas y prepararte para la conversación clave (y obtener otros recursos) en BestPossibleRelationship.com o escanea el código QR.

La pregunta reparadora: ¿Cómo solucionarás las cosas cuando salgan mal?

Un vídeo del terremoto y tsunami de Tōhoku, que azotó a Japón en 2011, es particularmente terrible e impactante. Yo creía que un tsunami era algo como la famosa impresión xilográfica *La gran ola de Kanagawa*: un solo arco imponente y espumoso. Pero no se parece en nada a eso. En las imágenes, el agua parece elevarse lentamente entre las orillas. Algunos coches van y vienen por la carretera junto a los muros del puerto. Después de dos minutos, un barco (un gran barco) es arrancado de sus amarres y arrastrado lejos. De pronto, logras comprender la fuerza en cuestión. A los seis minutos, el agua estalla contra los muros y la destrucción es inmediata. Los coches quedan aplastados; las construcciones, destruidas, y los edificios se despegan de sus cimientos.

Japón se encuentra situado sobre una falla geológica. Su historial de maremotos, que data de cientos de años, aparece registrado en las piedras de advertencia contra tsunamis que pueden encontrarse por toda la costa del noroeste. Estos monolitos delimitan los puntos altos de tsunamis particularmente devastadores y enmarcan la memoria generacional sobre lo que es seguro y lo que puede no serlo. En 1933, un tsunami, el segundo en menos de cuarenta años, azotó el pueblo de Aneyoshi. La piedra reza: «Las viviendas altas son la paz y la armonía de nuestros descendientes. Recuerda la calamidad de los grandes tsunamis. No construya viviendas por debajo de este punto».

Refugio

Un poco más de paz y armonía sería agradable. Sin embargo, las calamidades no dejan de suceder. Cada relación laboral tendrá sus momentos de crisis o dificultades. Algo saldrá mal en algún momento. Eso es completamente predecible. Pero hacer algo al respecto es difícil. Muy a menudo dejamos que las situaciones se deterioren. Es por ello que la última pregunta de la conversación clave puede ser tan alentadora y liberadora: **¿Cómo solucionas las cosas cuando salen mal?**

El poder de la pregunta reparadora

No queda ninguna duda: esta pregunta compite con la de la «mala relación» por ser la más incómoda y difícil de contestar. Lo que puede resultarte útil es saber que tus respuestas son tan solo lo segundo más importante. Porque lo primero es el reconocimiento compartido de que las cosas se romperán. Prepararse para responder a esta pregunta en la conversación clave es un ensayo para conversar cuando las cosas no se encuentren del todo bien, o cuando te sientas decepcionado o hayas provocado daño.

Existe el riesgo de que la otra persona no vea lo que está roto. Todos tememos la respuesta de «Eh, ¿de qué estás hablando?». El presentador de televisión Fred Rogers dijo: «Todo lo que es humano es mencionable, y todo lo que es mencionable puede ser más manejable». Al comprender que la relación se romperá y al conversar antes de que eso suceda, serás más capaz de detectar cuándo está fallando, y ambas partes podréis repararla en conjunto.

EJERCICIO FUNDAMENTAL

Tender puentes

Cuando se formó la Unión Europea a principios de la década de 1990, había muchos menos Estados miembros de los que hay en la actualidad. Uno de los muchos desafíos a los que se enfrentaban los llamados «seis países fundadores» (Bélgica, Francia, Italia, Luxemburgo, Países Bajos y Alemania Occidental) era cómo combinar sus monedas. Necesitaban determinar qué aspecto tendrían los nuevos billetes del euro. ¿Qué elemento debía aparecer en el diseño que fuera unificador, en lugar de divisor, y colectivo, en lugar de nacionalista?

La respuesta fue «puentes». Tras un pequeño traspiés inicial (los expertos señalaron que los diseños «imaginarios» se parecían demasiado a construcciones que existían en la realidad), el diseño final estuvo conformado por siete puentes de diferentes épocas: arcos de piedra, estructuras de hierro fundido, puentes colgantes, etcétera.

Las relaciones laborales sufren embates, y nos alejamos los unos de los otros. Una forma de repararlas es construyendo un puente para volver a conectar. Para ello se necesita coraje y habilidad. A menudo requiere generosidad, una flexibilización de posturas y un compromiso con el objetivo mayor de ser la persona que comienza la reparación.

En este ejercicio, piensa en las relaciones que has mejorado. ¿Qué estrategias utilizaste? Estas pueden desplegarse en lo que se denomina «el fulgor de la batalla», y también en los momentos posteriores.

Sé que esas estrategias no siempre parecen estar disponibles. Después de todo, incluso los mediadores de conflictos se involucran en sus propios conflictos. Sin embargo, en tu mejor momento, ¿cuáles tiendes a escoger? ¿Puedes hacer lo siguiente?

- **Menciona lo que está sucediendo:** haz que emerja lo que no se dice; pon en palabras lo que está sucediendo para ti.
- **Mantén la curiosidad:** respira en lugar de reaccionar; mantén una postura abierta; revisa tu actitud defensiva y tu sentido de la superioridad; recuerda que los demás también son humanos.
- **Recuerda el objetivo:** comprende lo que significa «ganar»; atente a la idea de la Mejor Relación Posible; deja ir la noción de «tener razón».
- **Busca comprensión:** escucha con atención para que los demás se sientan escuchados; separa los hechos y datos de las opiniones y los juicios de valor.
- **Reduce la intensidad:** introduce ligereza y gracia; hazte cargo de tus declaraciones (menos «Tú hiciste eso...» y más «Yo hice eso...»); pon paños calientes.
- **Reconstruye:** da el primer paso para reconectar; aléjate de la premisa «tú versus yo»; pide perdón.

Identificar y compartir las estrategias que utilizas para tender puentes ayuda a las personas a comprender en qué momento se están construyendo estos.

Tu respuesta a la pregunta reparadora:

¿Cómo solucionarás las cosas cuando salgan mal?

¿Deseas ahondar un poco más?

Profundiza en tus respuestas con estos dos ejercicios de «Conócete a ti mismo» (p. 171):

¿Es eso un cigarro? • Bajo estrés

Descarga una plantilla para ayudarte a responder a las cinco preguntas y prepararte para la conversación clave (y obtener otros recursos) en BestPossibleRelationship.com o escanea el código QR.

Ey, soy Michael, el autor

Sí, lo que ves ahí manchando el texto son mi sangre, sudor y lágrimas...

Si estás disfrutando de la lectura, ¿podrías dejar una reseña del libro en la página web de tu tienda en línea favorita o alguna comunidad de lectores? Esta «prueba social» de que el libro vale la pena realmente lo ayuda a tener éxito en el mundo. Y si no te sientes demasiado motivado, no hay problema en absoluto.

BestPossibleRelationship.com
#BestPossibleRelationship

Expresarse es mágico. Las palabras tienen poder. Los nombres tienen poder. Las palabras son sucesos, generan cosas, cambian cosas. Transforman tanto al que habla como al que escucha.

Ursula K. Le Guin

¿Cómo tener una conversación clave?

Comienza con seguridad,
a la mitad cerciórate de que es útil
y finaliza con fuerza

Dirigir la conversación clave

La primera conversación clave que tuve, antes de que supiera qué estaba haciendo o por qué, fue en un autobús. Me encontraba sentado junto a la mujer con la que finalmente me casaría, y nos dirigíamos hacia la ciudad inglesa de Stratford-upon-Avon para ver una obra de Shakespeare. Como señal de mal agüero, era *Cuento de invierno*. Esa es la obra en la que uno de los personajes sale de escena perseguido por un oso: no era precisamente el mejor modelo para los finales felices en las relaciones.

Llevábamos saliendo solo algunas semanas y ambos nos sentíamos extremadamente sorprendidos de estar tan comprometidos. Cada uno había llegado a Inglaterra para estudiar en la universidad, y no teníamos la intención de comenzar una relación a corto plazo. Sin embargo, de alguna manera, allí estábamos, recorriendo las estrechas calles y tomándonos en serio la relación. Debatimos nuestras expectativas sobre hijos, fidelidad y dinero, y sobre otros temas de «sí o no». No creo haber dicho «Te mencionaré en todos mis libros» (es probable que entonces hubiera terminado conmigo), pero al parecer cubrimos todos los otros asuntos importantes. Fue en ese momento cuando todo cambió.

La conversación clave es donde comienza a forjarse la MRP.

Un plan

Esta próxima sección presenta una estructura para la conversación clave. Mi esposa y yo tuvimos suerte: atrapados en un asiento trasero, encontramos el espacio para tener esa charla. Sin embargo, la mayoría del tiempo, eso no ocurrirá a menos que respires hondo y hagas que suceda.

No sucederá a menos
que respires hondo
y hagas que suceda.

Los aspectos desconocidos de esa situación podrían paralizarte: «¿Cómo hago la invitación? ¿Cómo comienzo? ¿Cómo actúo a la mitad? ¿Cómo la termino?». Todo eso está cubierto en las páginas siguientes. Notarás un ligero cambio en el tono. No necesitas párrafos en esta etapa, necesitas un manual de instrucciones y un guion. Es por ello que, más adelante, encontrarás dos subtítulos principales: «Haz esto» y «Di esto». Por supuesto, cuando escribo «Haz esto», me refiero a que encuentres tu propia manera de saltar a la acción. Y «Di esto» significa utilizar las palabras exactamente como están escritas o crear tus propias variantes. Las indicaciones están ahí para que te sea más fácil comenzar. Puedes escoger las que te parezcan más naturales y modificarlas como prefieras.

Quizás estés pensando: «¿Acaso esta conversación clave no será extraña, incómoda o difícil?». La respuesta es sí. Sin duda, las primeras veces que tengas una, te parecerá molesta, inusual y vulnerable. Este libro está enfocado a hacer que la conversación sea cada vez menos irritante.

Es más, sentir incomodidad durante una conversación clave es normal, y no es un fallo de tu personalidad o de los demás o del proceso. Estás cocreando algo importante y singular, una Mejor Relación Posible. Estás descubriendo una forma nueva de trabajar con los demás y estás moldeando un futuro diferente. Te encuentras transformando las bases del éxito. Sería sorprendente si no fuera un poco complejo o desafiante.

Pero continúas leyendo, de manera que asumo que comprendes el poder y la importancia de esto… y siento que estás listo para la aventura.

Sigue leyendo.

Observa cómo ejemplifico una conversación clave en BestPossibleRelationship.com o escanea el código QR.

Invitación:
Da el primer paso

Recuerdo mi primer baile de la escuela. Fue como esa escena de *Harry Potter y el cáliz de fuego* en la que todos están aprendiendo el vals para el baile de Navidad. Los chicos se encuentran nerviosos a un lado del salón. Las chicas, con los ojos en blanco en el extremo opuesto.

Había pocas varitas mágicas en la escuela primaria Torrens en la década de 1970, pero más allá de eso las cosas eran exactamente i-gua-les. No, no y no. No quería cruzar el salón y pedirle a Pauline Wade que bailara conmigo. Pero alguien debía dar el primer paso, y la conversación clave es una danza con la que la mayoría de las personas no están familiarizadas. Si esperas a que los demás la inicien, es probable que salgas decepcionado.

Sé la persona que da el primer paso.

HAZ ESTO

1. Invita a la otra persona a tener una conversación clave

Una de las grandes libertades de saber que esta charla será incómoda en un principio, y que nunca existirá naturalmente un «buen momento» para tenerla, es que te conduce a deducir, de manera lógica, que nunca (vale, casi nunca) existirá un mal momento. Dondequiera que te encuentres en el arco de una relación laboral, plantéate realizar una pausa e invita a la otra persona a entablar una conversación clave.

Puedes solicitarla antes de un primer encuentro. Esa es una buena estrategia cuando estás comenzando una relación laboral a largo plazo que será de importancia. Puedes hacerlo con alguien del equipo al que perteneces o con un cliente relevante.

Puedes sugerirla en una relación laboral que ya ha comenzado y se encuentra marchando bien. Puedes proponerla en otra que se ha estancado un poco, una que te gustaría reestablecer. Puedes solicitarla en una relación que se siente estancada y rota.

Sin embargo, es posible que no funcione iniciar una conversación clave en esos momentos que la autora Amanda Ripley denomina «de alto conflicto». En esas etapas, el trabajo más inmediato es contener la crisis, reparar lo que está roto, buscar ayuda adicional (si es necesario) y volver a encarrilar las cosas. No obstante, es positivo mencionar la idea de entablar una conversación clave una vez que se haya solucionado lo que está roto, como una manera de interrumpir un patrón que, de otra manera, terminará repitiéndose.

2. Informa sobre de qué tratará la conversación clave

¿Alguna vez has recibido un correo de tu jefe que ha disparado tu ansiedad, un mensaje con alguna variante de «Por favor, debo hablar contigo para comentarte algo»? No seas esa persona que invita a alguien a una «reunión misteriosa que suena a problemas».

Explica de qué irá la conversación clave, ya sea en persona o por escrito, y que el objetivo es otorgar a ambos la posibilidad de tener una relación laboral exitosa.

Comparte cómo te prepararás para esa charla. Entrégale a la otra persona las cinco preguntas. Cuéntale que pasarás algo de tiempo preparándote para la conversación y aconséjale que haga lo mismo. Envíale una copia de este libro o algunas de las páginas más importantes. Envíale el vídeo en el que ejemplifico una conversación clave.

Invítala a decidir algunos de los detalles, como cuándo y dónde tendrá lugar la charla.

DI ESTO

Tu caja de herramientas de palabras y frases

Estos son solo ejemplos. Escoge los que te resulten más naturales y útiles, y haz las modificaciones que desees.

- Me gustaría que conversemos sobre cómo trabajamos juntos.
- Me gustaría pasar tiempo contigo para descubrir qué es lo que haría que esta relación se convierta en la Mejor Relación Posible.

- ¿Podríamos tener una conversación clave en la que hablemos de cómo trabajamos juntos en lugar de centrarnos en qué trabajo hacer? Nos dará la mejor oportunidad de descubrir qué funciona, de evitar lo que no funciona y de arreglar las cosas que se rompan.
- Conversemos sobre cómo trabajamos juntos antes de hablar del trabajo en sí mismo.
- Antes de que nos pongamos a trabajar en lo que debemos hacer/el proyecto/nuestras prioridades, hablemos sobre cómo estamos trabajando juntos.
- Quiero hablar sobre cómo podemos sacar lo mejor de ambos, qué cosas debemos evitar y cómo mantendremos esta relación en su mejor versión incluso cuando el trabajo sea difícil.
- Estas son las cinco preguntas principales sobre las que me gustaría conversar contigo. He estado pensando en mis respuestas, y quiero asegurarme de que ambos tengamos la posibilidad de preguntarlas y responderlas:
  1. ¿Cuál es tu mejor versión?
  2. ¿Cuáles son tus hábitos y preferencias?
  3. ¿Qué podemos aprender de relaciones exitosas del pasado?
  4. ¿Qué podemos aprender de relaciones frustrantes del pasado?
  5. ¿Cómo solucionaremos las cosas cuando salgan mal?

Observa cómo ejemplifico una conversación clave en BestPossibleRelationship.com o escanea el código QR.

Al comienzo:
Ve a lo seguro

Los humanos somos nuevos en este planeta. Las tortugas han estado caminando en esta tierra durante más de doscientos millones de años. Los ornitorrincos, durante 110 millones de años. Las grullas, durante diez millones de años. Creemos que somos increíbles porque hemos sido humanos a lo largo de…, bueno, eso depende de a quién le preguntes, pero digamos que alrededor de medio millón de años, y menos de la mitad de eso para lo que los expertos denominan «modernidad conductual».

Una pregunta que nos ha mantenido vivos constituye una cuestión existencial: ¿Es esto peligroso? Tenemos el ADN de aquellos ancestros que tendían a jugar de manera segura. ¿Las personas que se adentraban en la cueva oscura? Ellos no sobrevivieron lo suficiente para convertirse en nuestros antepasados.

En mi libro *The Coaching Habit* («El hábito del entrenador»), introduje TERA, mi modelo para explicar la neurociencia de la conexión. Existen cuatro ejes que hacen sentir seguro al cerebro: tribu («¿Estás conmigo o en mi contra?»), expectativa («¿Conozco el futuro o no?»), rango («¿Eres más importante o menos importante que yo?») y autonomía («¿Tengo voz o no?»). Cuanto más incrementes el coeficiente TERA de cualquier experiencia, más segura y conectada se sentirá la persona.

A nivel inconsciente, el cerebro utiliza el acrónimo TERA cinco veces por segundo para escanear el entorno y responder a la pregunta: ¿Es seguro, es seguro, es seguro, es seguro, es seguro?

La conversación clave, debido a que se sale de lo común, parece radical, y como nos invita a sentir vulnerabilidad, parecerá peligrosa para el «cerebro reptiliano», esa parte más primitiva del cerebro que controla la lucha, la huida o la reparación. De modo que haz todo lo que puedas para volverla menos incómoda y mantenerla segura.

HAZ ESTO

1. Incrementa el coeficiente TERA

Controla activamente la tribu, la claridad de expectativas, el rango y el sentido de la autonomía durante la conversación clave para mantener el coeficiente TERA lo más alto posible. Aquí presento algunas de las formas fundamentales para hacerlo:

- El lugar de la conversación (ya sea formal o informal; ya sea en «tu» espacio o en el de la otra persona o en algún lugar neutral).
- Tu curiosidad (haz preguntas, como «¿Y qué más?» después de las primeras respuestas).
- Tu propia disposición a compartir y el nivel de vulnerabilidad que expreses (mi regla de oro es que debes responder a cada pregunta que le hagas a la otra persona, que compartas lo caótico y difícil, no simplemente lo bueno y alegre).
- El grado con el que decidas cocrear la conversación con la otra persona (preguntarle qué le gustaría preguntar; corrobora que no haya nada que necesite decirse que no haya sido mencionado).

De regreso a la etapa de invitación, incrementarás de inmediato el coeficiente TERA al establecer la meta compartida de la Mejor Relación Posible (tribu); al expresar lo que te gustaría abordar (expectativas); al asegurar que tú también compartirás lo que piensas (rango), y al otorgarle a la otra persona la oportunidad de escoger cuándo y dónde querrían tener la conversación (autonomía).

2. Conviértete en la señal más fuerte de la habitación

Debido a las neuronas espejo de nuestros cerebros, nos vemos influenciados de manera constante e instantánea por aquellos con los que interactuamos. Nuestros estados de ánimo son contagiosos: si sentimos y encarnamos alegría, confianza o ansiedad, es probable que los demás también sientan lo mismo.

Mi amigo Mark, «el general orco» Bowden (seguramente lo recuerdas de unas páginas atrás), me enseñó el poder de ser la «señal más fuerte de la habitación» como una manera de moldear cualquier experiencia. Gandhi, al menos de acuerdo con la sabiduría de Instagram, dijo: «Sé el cambio que quieres ver en el mundo». Toma la iniciativa para establecer la experiencia emocional de la conversación clave. Una parte de tu cerebro te estará inclinando hacia la ansiedad, la evasión y la actitud defensiva que adoptas por defecto. Eso es natural y se puede contrarrestar. ¿Qué «estado de ánimo» quieres infundir en este intercambio? Siempre me inclino por ser generoso, curioso, vulnerable y entusiasmado, pero tú tendrás tus propias ambiciones.

Debido a que mi cuerpo lidera a mi cerebro, he aprendido cómo «presentar mi cuerpo» para que me señale a mí (y a la otra persona) los estados de ánimo que estoy deseando evocar. Sonrío de manera deliberada, asiento con la cabeza, río cuando puedo y mantengo los pies en el suelo y las manos abiertas. Respiro a consciencia y mantengo la curiosidad.

DI ESTO

Tu caja de herramientas de palabras y frases

Estos son solo ejemplos. Escoge los que te sean más naturales y útiles, y haz las modificaciones que desees.

- Gracias por tener esta conversación conmigo; significa mucho para mí. (Tribu).
- ¿Qué deseas obtener de esta conversación? ¿Qué sería más útil para ti? Esto es lo que yo deseo. (Tribu. Autonomía).
- Quiero hablar de cinco cosas: en qué somos nuestra mejor versión de manera individual; nuestros patrones normales de trabajo; qué es lo que constituye una gran relación laboral; qué sucede cuando las cosas salen mal, y cómo las solucionaremos cuando sea necesario. (Habrás compartido esto durante la etapa de invitación, pero ahora estás aclarando los objetivos.) (Expectativa).
- ¿Por dónde deseas comenzar? (Rango. Autonomía).

- Esta es la primera Pregunta que me gustaría que respondamos. (Tribu. Expectativa).
- ¿Deseas responder primero o debería hacerlo yo? (Rango. Autonomía).
- ¿Qué ha sido útil hasta ahora? (Rango. Autonomía).
- Claro, ajá, genial, sí, correcto, bien, seguro, de acuerdo, maravilloso. (Estas pequeñas palabras de aliento parecen insignificantes, pero infunden motivación, curiosidad y conexión en la conversación.) (Tribu).

Accede a los vídeos para una explicación más detallada de TERA en BestPossibleRelationship.com o escanea el código QR.

A la mitad:
Pregunta y responde

Desde el comienzo de la pandemia de covid-19, he estado experimentando con la organización de conversaciones inusuales. Comencé en línea. Cinco personas, yo incluido, nos reuníamos por Zoom durante una hora. Tras una breve presentación, decidíamos profundizar en la conversación: cada uno de nosotros respondía a una pregunta polémica. Yo enviaba la mía el día anterior, y la escogía para incitar una revelación. «¿En qué encrucijada te encuentras?»; «¿Qué lección no dejas de aprender?»; «¿Qué debes sacrificar para seguir adelante?». Preguntas jugosas.

De manera más reciente, he estado teniendo estas conversaciones en cenas. En esta versión, estamos dos personas y yo. Nos presentamos al compartir dos aspectos esenciales de nosotros y luego escogemos una pregunta de una lista de cinco ítems, cuestiones similares a las que mencioné más arriba.

Las preguntas son excelentes, pero la verdadera magia se encuentra en el espacio que se les otorga a las personas para responder cada una de ellas sin necesidad de resolver, decidir, arreglar o pasar a la acción. Para la versión en línea, la regla era que los participantes tenían seis minutos para hablar y que nadie podía interrumpirlos. Varias personas destacaron que no recordaban un momento en el que hubieran hablado durante tanto tiempo y hubieran sido escuchadas con tanta atención.

La conversación clave pertenece a la misma familia de esos dos formatos. No se necesita resolver nada. Estás compartiendo información que es útil, verídica y sentida. Escuchas con atención y buscas comprender a los demás.

En *The Coaching Habit*, el mantra es «mantén viva la curiosidad un poco más de tiempo, y ralentiza la urgencia por actuar y aconsejar». Lo mismo aplica aquí.

No se debe resolver, decidir o arreglar nada.

HAZ ESTO

1. No te saltes las partes difíciles

Trabaja con las cinco preguntas durante la conversación clave. Aquello de lo que no hablas se convertirá en un asunto que siempre será difícil de abordar. Incluso hacer una sola pregunta sobre un tema en particular o dar una respuesta corta puede ayudar a forjar tu MRP.

Es posible que se te ocurra saltarte las dos últimas preguntas porque tratan sobre lo que no funcionó o lo que no funcionará. ¿Para qué revolver el pasado? ¿Por qué imaginar lo peor? La cuestión es que si lo único que hacéis es hablar sobre lo bueno, no obtendréis sabiduría ni resiliencia para los momentos difíciles. La mayoría de las relaciones laborales no son desastrosas, pero todas poseen una cuota de heridas, malentendidos y frustraciones.

Recuerda: el éxito es más que respuestas en el momento. También es el permiso de continuar hablando sobre cómo están saliendo las cosas, y la sensación de que es seguro mencionar temas difíciles. Una parte de la razón por la cual te preparas con antelación es para saber qué es lo que quieres decir. ¡No dejes que el coraje te falle ahora!

2. Pregunta y responde

Si eres quien tiene el poder (el jefe, el de mayor antigüedad, el que paga las cuentas o lo que sea), puede resultar tentador hacer las preguntas, pero evitar responderlas. Peter Block, quien me presentó por primera vez la idea de tener conversaciones sobre cómo trabajar con los demás, denomina a este intercambio «contrato social». Un contrato es un intercambio mutuo de valor. Si las dos partes no ofrecen ni obtienen algo, entonces no es un contrato. Preguntarle a la otra persona cómo le gustaría trabajar ya es un acto poderoso. Sin embargo, no se convierte en una conversación clave a menos que tú también respondas a las preguntas.

DI ESTO

Tu caja de herramientas de palabras y frases

Estos son solo ejemplos. Escoge los que te sean más naturales y útiles, y haz las modificaciones que desees.

- Tengo curiosidad de escuchar tu respuesta a esto.
- ¿Y qué más?
- Yo respondería de esta manera.
- Esta es una pregunta difícil, pero creo que responderla nos será de utilidad.
- ¿Qué debemos decir que no hayamos dicho?
- Eso es algo poderoso/útil/esclarecedor de escuchar.
- Claro, ajá, genial, sí, correcto, bien, seguro, de acuerdo, maravilloso. (Repito estas palabras porque estas señales de reconocimiento y aliento actúan como lubricantes de la conversación clave.)

Observa cómo ejemplifico una conversación clave en BestPossibleRelationship.com o escanea el código QR.

Al final: Aprecia lo bueno

Una de las peculiaridades de nuestro cerebro es que adora los comienzos y los finales. El efecto de primacía (recordamos mejor las cosas que suceden primero) y el efecto de recencia (recordamos mejor las cosas que sucedieron al final) son sesgos cognitivos, heurísticas que Daniel Kahneman popularizó en su libro *Pensar rápido, pensar despacio*. El efecto de primacía explica por qué en los musicales los números de apertura y cierre son tan fundamentales. Incluso aunque la historia sea «suave» en las escenas centrales, un número fuerte al final hará que termines la obra con la nota más alta, literal y metafóricamente, y todos se retirarán contentos.

Años atrás, en Boston, asistí con algunos amigos a la sala de conciertos House of Blues. Era un tanto superficial (no cometerías el error de creer que te encontrabas en un auténtico club de *blues* de Chicago), pero admiré su diseño ingenioso. Para la última canción, hicieron que nos pusiéramos de pie para «conectar con las vibraciones» y elevar la energía. Cuando la canción terminó, nuestros corazones latían a pleno ritmo... y con gentileza nos hicieron salir de la sala para poder prepararla para la próxima audiencia. En la actualidad, cuando facilito una capacitación o doy una conferencia, a menudo la diseño para que el público termine de pie al final, no tanto para reacomodar las mesas, sino para que la audiencia se regale a sí misma una ovación de pie y para finalizar el evento con una nota alta.

Demasiadas conversaciones importantes terminan con un suspiro. Incluso aunque la energía haya sido maravillosa, hayas sido valiente y honesto y hayas cubierto un terreno extenso, terminar la conversación clave con solidez incrementará su impacto.

HAZ ESTO

1. Comparte el aprendizaje

Establece el precedente de convertir cada conversación contigo en un aprendizaje. Pregunta: «¿Qué crees que ha sido lo más útil de esta charla para ti?». Cuando tú también respondes a esa pregunta, haces tres cosas. En primer lugar, vuelves tangible lo que te resultó de mayor utilidad. Al mencionarlo y decirlo en voz alta, fortaleces la conexión en tu cerebro y conviertes las partes más útiles en las más memorables y preciadas. En segundo lugar, le ofreces *feedback* a la otra persona sobre lo que funcionó de la mejor manera. Sabrá qué es lo que debe seguir haciendo (y también lo que debe evitar) en la próxima conversación. Y, por último, confirmas que de verdad fue un diálogo valioso, una de las tantas charlas útiles y provechosas que tendrán lugar en el futuro.

2. Aprecia la conversación

Ambos habéis tomado un riesgo al tener esta conversación y ambos habéis demostrado cierto compromiso para forjar la Mejor Relación Posible. Eso no es algo menor. Habéis comenzado a crear una relación laboral que es segura, vital y reparable. Celébralo. Aprécialo.

DI ESTO

Tu caja de herramientas de palabras y frases

Estos son solo unos ejemplos. Escoge los que te sean más naturales y útiles, y haz las modificaciones que desees.

- Gracias, esto ha sido realmente útil. Me entusiasma lo que tenemos por delante.
- ¿Qué ha sido lo más útil o valioso para ti?
- Esto ha sido lo más valioso para mí.
- ¿Qué es lo que sabes ahora que no sabías antes?

- Celebro que [inserta lo que sea verdad para ti].
- Aprecio que [inserta lo que sea verdad para ti].

Observa cómo ejemplifico una conversación clave en BestPossibleRelationship.com o escanea el código QR.

Has tenido un comienzo brillante

No debes subestimar el comienzo fantástico que has tenido al entablar esta conversación clave. De verdad, es algo inusual y brillante no solo haber creado el espacio y el tiempo, sino también haber cultivado la curiosidad y la vulnerabilidad necesarias.

Eso es innegable, incluso aunque sientas que no ha salido bien. Lo sé, es una paradoja. Pero piensa que has ganado, sin importar si la conversación fue un tanto incómoda, o no escuchaste o dijiste las respuestas que deseabas, o la sensación fue diferente de la que esperabas. Abriste el portal a la Mejor Relación Posible. Ahora existe un compromiso conjunto con algo que importa, un permiso compartido para hablar nuevamente sobre cómo seguir teniendo éxito. Has hecho que resulte importante que la relación sea segura, vital y reparable.

Pero no te detengas ahora. No se trata de un acuerdo de «una sola vez». Sigue comprometido con el éxito de la MRP con un mantenimiento regular.

Si hablas de amor, deberías incluir el elemento de la incertidumbre, y quizás sea mejor abordarlo como el arte del mantenimiento constante.

TWYLA THARP

Mantén viva tu Mejor Relación Posible

El arte y la ciencia del mantenimiento

La desintegración es inevitable

El cantautor inglés Billy Bragg, conocido como el «bardo de Barking», canta: «Vi dos estrellas fugaces anoche / Pedí un deseo, pero eran solo satélites». Han pasado más de cuarenta años desde que compuso *A New England* y todo se ha vuelto mucho más transitado en la órbita terrestre. Tan solo en 2021 se lanzaron alrededor de 1.400 satélites.

Allí arriba hay mucho tráfico y, donde hay tráfico, hay desechos. Quizás recuerdes la escena de la película *WALL•E* en la que un cohete que despega desde la Tierra atraviesa una capa de escombros espaciales. Se trata del síndrome de Kessler, representado con una gloriosa animación de Pixar: los desechos espaciales conducen a más desechos espaciales. Basta con que una pieza muy pequeña de un antiguo satélite circule a 24.000 kilómetros por hora para que choque con algo y lo rompa.

Tú también te encuentras en órbita

Quizás tú no te muevas a una velocidad supersónica, pero considérate en órbita con aquella persona con la que estés forjando la Mejor Relación Posible. Os movéis uno alrededor del otro, independientes, pero conectados. Es más, te encuentras recibiendo daños menores de manera constante debido a la simple fricción de las acciones cotidianas. Un pequeño golpe allí, un tropiezo, un incidente mínimo. Pero también impactos más grandes. ¿Superar el día a día sin una magulladura ocasional? Imposible.

Es por ello que comprometerse con el mantenimiento resulta esencial. La conversación clave es un comienzo brillante, pero las cosas se deterioran sin un mantenimiento regular. Puedes utilizar la metáfora que desees: los jardines necesitan poda y desbrozado; los motores requieren ajustes y cambios de aceite; las casas precisan limpieza y una capa de pintura de vez en cuando; los *softwares* exigen depuración.

Las páginas siguientes te ayudarán a establecer una rutina de mantenimiento. Verás las pequeñas acciones que quizás escojas hacer con frecuencia, las cosas necesarias que deberías realizar cuando la situación lo requiera, y cómo llevar a cabo las acciones más grandes y difíciles cuando llegue el momento.

No comenzaremos con un listado de estrategias. Empezaremos con principios que darán forma a lo que haces y a cómo te presentas en tus relaciones, y que sustentarán todos tus actos de mantenimiento.

Los seis principios del mantenimiento

Recurrir con prisa a las estrategias es tentador. ¿Quién no se detiene, durante un microsegundo, frente a un titular como «Las siete formas garantizadas de hacer que tu equipo te adore (¡la número cinco te volará la cabeza!)»? Sin embargo, las estrategias útiles solo emergen cuando los principios y el contexto se combinan. Esto es lo que tú podrías hacer con esta persona en esta situación. Tú aportarás el contexto, de modo que permíteme sugerir seis principios que describen las actitudes y acciones necesarias para lograr un mantenimiento exitoso.

Los primeros tres tratan del estado mental que llevas a las interacciones cotidianas de tu Mejor Relación Posible. Se basan en una llamada a la apertura, y sé que eso no es algo pequeño. Cuando estamos bajo estrés, nuestra respuesta natural es cerrarnos, mantenernos pequeños y seguros. Estos tres principios te ayudarán a gestionar y rediseñar algunos patrones profundamente arraigados.

Mantente curioso.
Mantente vulnerable.
Mantente amable.
Ajusta siempre.
Repara con
frecuencia.
Reinicia cuando
sea necesario.

Mantente curioso

Pienses lo que pienses sobre qué está sucediendo, te equivocas. No totalmente, pero de manera parcial. Por supuesto, ves algo del panorama general, pero de ninguna manera lo ves por completo. Una curiosidad profunda y genuina disipa la niebla que causarán la ambigüedad o la frustración. La curiosidad te ayuda a comprender la situación de una manera más profunda porque te hace salir de tu propia mente. Te ayuda a mantener la conexión al identificar y comprender con mayor profundidad qué sucede con la otra persona, y te permite ver mejor cómo estás contribuyendo al desafío en cuestión. Mantén la mente abierta.

Mantente vulnerable

Los demás tampoco saben qué está sucediendo, no por completo. Eso depende de ellos, y también depende de ti. Tú mantienes ciertas cosas aferradas al pecho: datos, opiniones, sentimientos y lo que deseas o necesitas. Algunas las conoces explícitamente, y otras son tan solo susurros, apenas percibidos y aún no completamente articulados. Compartir puede ser un acto esclarecedor para ambos. «No sabía que pensaba así hasta que lo dije en voz alta.» Por supuesto, hablar de más puede ser contraproducente: es lo opuesto a guardar información por razones egoístas. Comparte lo que resulte útil para forjar la Mejor Relación Posible. Sé generoso.

Mantente amable

Hacia el final de su vida, el autor Aldous Huxley escribió: «Es un poco vergonzoso haber estado preocupado por el problema humano durante toda la vida y descubrir al final que el único consejo que uno puede ofrecer es: "Intenta ser un poco más amable"». Este trabajo es difícil, y hacerlo perfecto resulta casi imposible. Estás dando lo mejor de ti, y es probable que los demás también estén haciendo lo mismo. Asume intenciones positivas. Sé generoso. Recuerda que ambas partes estáis comprometidas a forjar la Mejor Relación Posible, y puedes ser amable con otros y contigo mismo en el proceso. Sé amable.

Si puedes mantener la mente abierta y ser generoso y gentil de manera constante, estarás ofreciendo un gran regalo a cualquier relación laboral. Estos tres principios son los pilares de la Mejor Relación Posible. Los últimos tres principios tratan del ritmo de un mantenimiento exitoso. Son intervenciones cotidianas, regulares y ocasionales que incorporan acciones, tanto grandes como pequeñas.

Ajusta siempre

No soy marinero, pero al parecer navegar en un bote pequeño en aguas abiertas es otra metáfora más que describe las particularidades de gestionar una relación. Tienes que evitar los grandes desastres, como chocar contra rocas, encontrarte con piratas, hundirte, etcétera. También debes aprovechar al máximo las condiciones climáticas. Sujetas el timón y despliegas o recoges las velas para adaptarte a las olas y al viento. Se trata de realizar ajustes precisos, como sucede con las relaciones. En ellas, las condiciones cambiarán, por lo que necesitarás hacer adaptaciones según lo requiera el momento.

Repara con frecuencia

Mi padre era ingeniero, y sabía cómo recomponer, pegar y arreglar las pequeñas cosas que se terminaban rompiendo en casa. Yo no heredé nada de esa habilidad. Al contrario, soy torpe, así que tengo cierta experiencia en cuanto a curarme a mí mismo. A medida que he avanzado por la vida a tropezones, he ido acumulando cicatrices. He aprendido que, cuando te golpeas, debes encargarte de ello de inmediato. Exponer la herida al sol porque la luz solar desinfecta. Descubrir qué es lo que duele y aplicar un ungüento.

Reinicia de ser necesario

Formé parte de un grupo *mastermind* con cuatro personas más durante quince años. Eso supone mucho tiempo. Nuestro secreto es que, en tres ocasiones diferentes, alguien mencionó que el grupo se había estancado un poco, que había perdido su chispa y que todos habíamos perdido el entusiasmo. Eso nos brindó la oportunidad de reiniciarlo de manera activa, cambiar y recargar la experiencia. Cuando cometimos el fallo de no hacer esto durante un momento de estrés, el grupo terminó separándose. Las MRP de cierta longevidad necesitarán reiniciarse para mantenerse seguras y vitales.

Pero antes de actuar, necesitas orientación

Antes de que puedas actuar, resulta útil saber qué es lo que realmente está sucediendo. Tu perspectiva es importante, pero de ninguna manera representa el panorama completo. El siguiente capítulo te enseña cómo desarrollar una comprensión más precisa sobre el drama que está sucediendo en ese momento.

Oriéntate: Conoce lo que está sucediendo

En los tiempos de Google, hemos perdido algo de la magia y del misterio de los mapas antiguos. Ahora, para llegar a cualquier lugar tan solo se necesita una aplicación. Aprecio la eficiencia, pero extraño ver el panorama general y los destinos posibles. ¿Puedes imaginar a un personaje como Bilbo Bolsón tecleando «Montaña Solitaria» en su móvil antes de emprender su viaje en *El hobbit*?

Cuando una relación laboral se torna difícil, quizás te sientas estancado y sobrepasado por lo que está sucediendo. Temeroso por lo que significa. Avergonzado de que haya ocurrido. Enfadado con la otra persona porque hizo algo que te decepcionó y/o enfadado contigo mismo por la misma razón. También puedes experimentar una especie de alegría retorcida debido a la injusticia que sientes.

Estás «desbordado» y tu visión se ha estrechado literal y metafóricamente: al parecer hay una sola verdad y una única forma de ser (que, por pura coincidencia, están de tu lado). Pero si logras dar un paso atrás y comprendes mejor qué es lo que está sucediendo, entonces emergerán opciones nuevas. Es por ello que el bucle OODA (observación, orientación, decisión y acción), del coronel de las fuerzas aéreas estadounidenses John Boyd, es uno de los enfoques más reconocidos para gestionar cómo reaccionas ante un conflicto. En mitad de la batalla, observa antes de actuar.

Aquí presento dos «preguntas de mantenimiento» para evaluar la situación, comprender mejor el panorama y realizar cualquier clase de reparación necesaria.

1. ¿Cuáles son los hechos?

Un modelo poderoso para comprender cómo «tu verdad» no es necesariamente «la Verdad» se origina en el trabajo de Marshall Rosenberg sobre «comunicación no violenta». Cuando detectas un torbellino desatándose en tu mente y tu corazón, puedes obtener una comprensión más calmada y precisa de lo que es verdad al analizar las dinámicas y clasificarlas en cuatro categorías: datos, juicios de valor, sentimientos y lo que tú deseas.

En primer lugar, los datos. Se trata de los hechos que puedes señalar y decir: esto es verdad, esto es cierto, esto sucedió. Es lo que se admitiría en un juicio como evidencia. Cuando buscas datos, lo que resulta sorprendente de manera predecible es que descubres muchos menos hechos de los que esperabas.

En cambio, encuentras muchas opiniones. Esta es la segunda categoría, los juicios de valor, también conocidos como «sugerencias», «puntos de vista», «interpretaciones», «lecturas de la situación», «consejos» y «buenas ideas». **Se trata de aportes infinitos, ya que los datos** se pueden moldear según el punto de vista. En una situación particular, formarás opiniones sobre tres factores diferentes: la otra persona («Esa persona es...»), tú y el papel que juegas («Yo...») y la situación en su totalidad («Esto es...»).

A menudo puedes conectar los juicios de valor y los datos con la palabra «porque»: «Estoy metido en problemas [juicio] porque el taxi no ha llegado [dato]»; «No es de fiar [juicio] porque lleva dos días de retraso con la entrega del informe [dato]».

Tus sentimientos son el tercer elemento de la mezcla. Existen otros modelos útiles, pero deseo simplificarlo y trabajar con cinco emociones fundamentales: enfado, tristeza, alegría, vergüenza y temor. De manera irónica, cualquier oración que comience con «Siento que...» posiblemente sea un juicio de valor.

Tus sentimientos se encuentran entrelazados con tus juicios de valor: «Estoy triste porque estoy metido en grandes problemas debido a que el taxi no ha llegado»; «Estoy enfadado porque esa persona no es de fiar porque lleva dos días de retraso con la entrega del informe».

La realidad parece bastante evidente cuando se encuentra representada de esta manera. Sin embargo, la experiencia vivida es más parecida a «Mi juicio es este; soy incapaz de detectar y/o articular mis sentimientos y no me interesan los datos a menos que prueben la validez de mis juicios de valor». En otras palabras, juicios de valor, datos y sentimientos se combinan en un cóctel infame de percepciones alteradas.

La cuarta categoría contiene lo que tú deseas. Este libro trata de forjar relaciones de «adulto a adulto» con las personas de tu vida. Eso suena bien, pero ¿qué es lo que significa exactamente? A nivel abstracto, puede ser encontrar una manera de coexistir con alguien, de equilibrar sus respectivas fortalezas y puntos ciegos, sus deseos y límites. A nivel práctico, puede significar pedir lo que deseas y saber que la respuesta podría ser no.

La mayoría de nosotros podría beneficiarse al desarrollar la habilidad de pedir lo que deseamos. ¿Cómo lo articulamos, idealmente, de una manera que incremente las probabilidades de que lo que deseamos se cumpla? Eso puede requerir desaprender antiguos preconceptos, y dos de los más comunes son «No me corresponde pedir esto» y «Ya deberían saber lo que quiero». Aclarar lo que deseas a menudo tiene el efecto de atravesar una situación como una espada con un nudo gordiano. La escritora Brené Brown afirma: «Ser claro es ser amable». Es amable pedir lo que deseas.

Cuando te sientas sobrepasado por una situación, haz una pausa y divídela en estas cuatro categorías. Este hábito te ayuda a comprender qué es verdad y qué es una invención creada sobre la realidad. Te ayuda a comprender tus sentimientos para que puedas utilizarlos al servicio de la conversación, en lugar de dejar que la saboteen.

2. ¿En qué posición te encuentras?

La obra de Edgar Schein ha influenciado la mía durante más de veinte años. En su libro, *Humble Inquiry* («Humilde consulta»), descubrí por primera vez la idea de estar en una posición superior o inferior en relación con la persona con la que estoy interactuando. Schein habla sobre cómo ofrecer consejos nos ubica en una posición superior y, por lo tanto, la otra persona termina en una posición inferior, lo cual es una razón por la que a menudo nos resistimos a las recomendaciones, incluso cuando las hemos solicitado. El terapeuta Terry Real utiliza el mismo lenguaje cuando se refiere a la dinámica de las relaciones disfuncionales, donde una persona está en una posición superior y la otra en una posición inferior.

El que se encuentra en un escalón superior podría parecer que posee el control, que tiene «alto estatus», que es indiferente, directivo, desinteresado, frío, enfadado, insensible, pasivo-agresivo y que tiende a culpar a los demás; o también puede parecer que tiene el poder explícito, que toma las decisiones y que no confía en la otra persona. Quien se encuentra en el escalón inferior podría parecer que recibe la culpa, que tiene un «estatus bajo», que es la «víctima», que está resignado, que se queja, que es desesperado, manipulador y pasivo; que no tiene poder explícito y no confía en sí mismo.

En esta relación en particular y en este momento en particular, ¿en qué posición te encuentras? Lo que resulta poderoso aquí es dar un paso atrás y contemplar la dinámica. Si una relación está desequilibrada, alguien estará arriba y alguien estará abajo. Es otro patrón, otra danza.

Una perspectiva nueva

Las dos prácticas antes mencionadas te invitan a alejarte de ti mismo para poder, de alguna manera, observarte de forma objetiva y evaluar la situación. Identificar qué danza estás bailando te proporcionará información. Haz que las dinámicas sean menos personales y también revela que tú juegas un papel en lo que está sucediendo. Las dos partes, en este momento, estáis creando la dinámica en conjunto.

Con esta perspectiva más abarcadora, más sistémica y a menudo más compasiva puedes decidir cuál es el mejor paso a seguir: ajustar, reparar o reiniciar.

Descarga una plantilla para ayudarte a distinguir datos, juicios de valor, sentimientos y deseos (y obtener otros recursos) en BestPossibleRelationship.com o escanea el código QR.

Ajusta siempre: Dar y ~~tomar~~ recibir

El ensayo *Dar y recibir*, de Adam Grant, es uno de mis libros favoritos. Lo guardo donde puedo verlo para recordar su mensaje contraintuitivo: frente a la elección de ser una persona generosa, interesada o equitativa, los generosos cuentan con los peores y los mejores resultados. Si decides dar sin límites, te conviertes en víctima. Si decides dar de manera generosa, pero sostenible, prosperas.

Mi giro sobre el trabajo de Grant consiste en sugerir que, si bien no quieres convertirte en un interesado, sí deseas ser alguien que recibe lo que le ofrecen. Si nos remontamos a Peter Block y su concepción del contrato social, es necesario un intercambio mutuo. No funciona si hay un flujo unidireccional.

La idea del psicólogo John Gottman acerca de las ofertas de conexión convierten el acto de dar y recibir en una moneda de interacción cotidiana. Una oferta, «la unidad fundamental de conexión emocional» es cualquier gesto, pregunta o interacción que tiene la intención de conectar con la otra persona. En *The Relationship Cure* («La cura de las relaciones»), Gottman dice que realizando «oferta tras oferta» forjamos mejores relaciones.

Aquí presento dos preguntas de mantenimiento: una que puedes preguntarle a la otra persona y otra que te puedes hacer a ti mismo. Las respuestas te ayudarán a generar ofertas que puedes dar y recibir, todas al servicio de tu MRP.

1. ¿Qué está funcionando bien?

En *The Coaching Habit*, planteé «¿Qué fue lo más útil para ti?» como la cuestión del «aprendizaje», la última pregunta de siete. Me encanta porque es un tanto astuta. Más allá del poder de identificar qué resultó útil en un intercambio, también enmarca la conversación como indudablemente útil. No preguntas: «¿Esto fue útil?». Dices: «Esto fue útil. ¿Qué fue lo más útil?».

Por una razón similar, preguntar con regularidad «¿Qué está funcionando bien?» es una contribución valiosa para cualquier conversación de la MRP. A menudo comienzo con ella, un movimiento deliberado para contrarrestar la tendencia humana a enfocarse de manera directa en lo que no está saliendo bien. No es «¿Hay algo que esté funcionando bien?», sino «Las cosas están funcionando bien. ¿Qué deberíamos destacar?».

Cuando haces esa pregunta persistente y constante, aquieta los nervios sobre una situación particular y fortalece los cimientos de tu MRP. Otra de las importantes conclusiones basadas en la investigación de John Gottman es que la posible resiliencia de una relación puede medirse por la proporción de interacciones positivas en comparación con las negativas. Cinco a uno es el número mágico. Identificar qué está funcionando bien, preguntar qué tienen para celebrar, qué aspectos son positivos y contar historias sobre sus pequeños triunfos son todas formas de sumar a ese lado concreto de la balanza.

2. ¿Cuál es el gesto silencioso?

En *The Relationship Cure*, Gottman habla de «bloqueadores de ofertas», la manera en la que a menudo rechazamos el ofrecimiento de conexión de los demás. En ocasiones lo hacemos porque no estamos prestando atención. Debido a que la oferta a menudo es sutil (un pequeño gesto sin mediar palabra, un comentario al parecer intrascendente), ignoramos el intento de construir un puente y conectar. En otras ocasiones, por supuesto, evitamos el ofrecimiento porque estamos enfadados. No les brindaremos a los demás la satisfacción de revertir una situación.

Cuando alguien rechaza o ignora nuestra oferta de conexión, quizás nos sintamos afligidos. Es un momento delicado, y en ocasiones nos autopercibimos un tanto frágiles si no funciona. No pensamos: «No importa, es probable que no sea personal; estaba distraído, ocupado u otra cosa». Pensamos: «Eso lo demuestra. Me odia. Me rindo». O quizás: «Bueno, da igual si no te importa esto. A mí tampoco. Me rindo». O alguna respuesta menos melodramática, pero similar.

El proceso de dar y recibir una oferta es delicado. Si eres el que ofrece, sigue haciéndolo. Intenta no decepcionarte si algunas veces no te escuchan. Mantente alerta a lo que la otra persona de tu MRP te está brindando. Todo el tiempo te está ofreciendo algo, quizás de manera sutil, con minúsculos gestos, mediante pequeños regalos y ajustes para lograr que la relación laboral siga siendo vital.

Ajustes

Sin importar cuán maravillosa sea la voluntad de destacar lo que está funcionando y lo geniales que sean las ofertas de dar y recibir, las relaciones aún sufren daños. Cuando se descarrilan un poco (y las cosas siempre se salen un poco del curso en algún momento) necesitas saber cómo puedes reparar lo que está roto.

Repara con frecuencia: Gestiona el daño

El cambio climático en Australia ha provocado un aumento de incendios devastadores. Cuando los fuegos alcanzan un tamaño determinado, son incontrolables y viajan con una velocidad extraordinaria y despiadada. Los incendios azotaron los suburbios que rodeaban a mi ciudad natal de Canberra en 2003, y las cicatrices aún son visibles. En 2020, sucedió de nuevo, y el cielo se volvió naranja con el humo y la amenaza. Las quemas preventivas son una forma de gestionar el peligro. Valiéndose de la sabiduría indígena que data de decenas de miles de años atrás, las personas queman el sotobosque para eliminar los elementos combustibles. Cuando llegan los incendios, y siempre lo hacen, hay menos materia que pueda arder.

Tal como el fuego devora el monte australiano, también existirán momentos en los que tu Mejor Relación Posible se vea amenazada. En ocasiones se necesita trabajo preventivo; en otras, debes lidiar con una pequeña llamarada, y en otras, el incendio es mucho más grande. Un compromiso activo para reparar mantiene viva a la MRP, y eso requiere que te asegures de que un incendio no se convierta en un daño a largo plazo.

Aquí presento dos preguntas que puedes hacerte a ti mismo a la hora de minimizar los daños.

1. ¿Qué es lo que aún no se ha dicho ni salido a la superficie?

Ha pasado un largo tiempo desde que sufrí acné adolescente, gracias al cielo. Sin embargo, recuerdo con claridad que, si bien algunos granos eran grandes, desagradables y visibles, los que de verdad dolían eran los subcutáneos y elusivos. Es una metáfora con demasiada información para esos momentos en los que tu MRP se ve acechada por una amenaza peligrosamente escondida debajo de la superficie.

En ocasiones la detectas en ti mismo. Actúas de manera un tanto extraña. Posiblemente no puedas precisar de qué se trata. Pero algo sucede. En otras, la distingues en la otra persona. Hay algo diferente en su tono de voz; no interactuáis como lo hacéis habitualmente.

No necesitas saber qué está yendo mal. Necesitas decir con palabras que quizás algo esté yendo mal. «Detecto que algo no va bien. ¿Qué sucede?»; «¿Qué es lo que necesitamos decir y no decimos?». Algunas veces se necesita curar una herida, reconocer una pequeña falta e intentar trabajar en ella. En ocasiones el conflicto se está gestando.

2. ¿Cómo lucharás?

Lo que era pequeño se ha convertido en algo grande. Lo que era silencioso se ha vuelto ensordecedor. Ahora no solo estás reparando los daños, sino que te encuentras metido en un conflicto explícito. Esto no es algo terrible. El buen conflicto es saludable, o eso es lo que dicen. Pero ¿cómo luchas con generosidad y gracia? Parece imposible. Sin embargo, en el capítulo de la pregunta reparadora, el ejercicio de tender puentes te invitaba a nombrar las maneras en las que ya tienes algunas habilidades para lidiar con los conflictos. Libros como *High Conflict* («Alto conflicto»), de Amanda Ripley; *Conflict Mastery* («El dominio del conflicto»), de Cinnie Noble, y *Conversaciones difíciles*, de Douglas Stone, Bruce Patton y Sheila Heen sugieren un abanico de estrategias que pueden ayudar. No intentes todas al mismo tiempo. Identifica aquellas que te serán de mayor utilidad para agregar a tu repertorio.

Cuestiones esenciales (que, sin duda, no son fáciles)

- Respira.
- Recuerda qué es el éxito. A menudo no es ganar una pelea en particular. La llamada «victoria pírrica» se produce cuando ganas la batalla inmediata, pero el daño es tan grande que pierdes la guerra.
- Escucha para comprender qué quiere la otra parte. No cederá a menos que se sienta comprendida.
- Sé tan claro como puedas sobre lo que deseas. ¿Qué es lo que necesitas?

- Haz una distinción entre los datos (los hechos) y los juicios de valor (los de ambos).
- Realiza concesiones cuando los demás tengan un buen argumento. Y cuando posiblemente lo tengan: «Puede que tengas razón...».
- Asume tus declaraciones («Soy...»; «Siento que...»; «Interpreto que...»). Evita las acusaciones («Tú has hecho que...»; «Tú eres...»).
- Adopta una postura que sea de apertura en lugar de cerrada (lo que sea que eso signifique para ti). Sé que a mí me ayuda mantener los pies sobre el suelo y no entrelazar las manos.

Habilidades avanzadas (que son aún más difíciles)

- Continúa respirando.
- Renuncia a la idea de probar que tu versión es «la Verdad». Liane Davey, en *The Good Fight* («La buena pelea»), asevera que siempre existen dos verdades en una discusión. En la batalla por tener razón, Terry Real pregunta: «¿A quién le importa?».
- Sé curioso acerca de lo que tú y los demás defendéis. Algo fundamental se encuentra en riesgo, más allá de los detalles superficiales. Es posible que lo que se encuentre bajo amenaza esté profundamente arraigado en las tres fuerzas centrales del conflicto, según Howard Markman: poder y control, confianza y cercanía, y respeto y reconocimiento.
- Di «No lo sé» cuando haya algo que no sepas. Algunas veces, incluso puedes decir «No lo sé» cuando en parte no sea así. Este simple acto puede evitar de inmediato que una conversación siga escalando.
- Corrobora que la otra persona comprende tu punto de vista: «¿Qué piensas que estaba diciendo?». Lo que quizás te parezca inequívoco y poco controvertido puede interpretarse de manera completamente diferente.
- Solicita un descanso si eso puede ayudar a la situación. En ocasiones, un respiro beneficiará a todos.

Germinación

Los incendios de mi tierra natal resultan devastadores. Pero no solo eso. Muchas especies de eucaliptos de Australia dependen de una temporada regular de fuegos. Solo el calor de un incendio forestal es suficiente para comenzar el ciclo de regeneración: se abren las vainas, se liberan las semillas, caen sobre un suelo recién cubierto de cenizas y echan raíces, de modo que comienza un círculo saludable de renovación. En ocasiones también nos beneficiamos de un momento de renovación en nuestras relaciones laborales. Podría no ser el final; podría ser un nuevo comienzo.

Reinicia de ser necesario: Final (y comienzo)

Cuando mi padre se estaba muriendo, viví durante un tiempo con mi madre y con él en la casa de mi infancia. Mis padres eran una pareja amorosa, pero ahora su relación estaba a prueba de una manera completamente nueva. Su duelo preventivo significó que ambos se sentían tristes y atemorizados, incapaces de vivir sus vidas y llevar adelante el hogar como antes. De manera comprensible, el estrés de la situación había generado tensiones. Nada terrible, pero como hijo no quería que los últimos recuerdos que mi madre tuviera de su relación con mi padre se centraran en ese matiz.

Propuse que tuviéramos una versión de la conversación clave. Sugerir esa idea no me resultó de ninguna manera natural o fácil. Nunca habíamos sido una familia que tuviera charlas particularmente profundas e introspectivas. ¿Y quién quiere actuar como facilitador de sus padres en una conversación como esa? Yo no, de eso estoy seguro.

Mi propia resistencia a la idea era mínima en comparación con la de mis padres. Se sentían completamente desanimados. Pero yo soy persistente. Mi padre fue el primero en aceptar, y mi madre también terminó haciéndolo. Su participación reticente demuestra de manera exacta cómo muchos de nosotros nos sentiríamos: «Bueno, supongo que lo haré. Pero ¿debo estar ahí?». (Ambos actuaron de manera brillante en la conversación.)

Existen varias razones por las cuales reiniciar una relación. La más evidente es cuando se pasa por crisis y es necesario regresar a los cimientos y reconstruir. Sin embargo, el conflicto no es un requisito. En ocasiones, la situación ha cambiado tanto (una modificación de rol o estatus, por ejemplo) que ambas partes necesitan imaginar una nueva MRP.

Algunas veces, el problema es que no ha habido un conflicto esclarecedor. En cambio, ambas partes se han conformado con lo que Terry

Real, en *Fierce Intimacy* («Intimidad feroz»), denomina una «ambigüedad estable»: aunque sea mediocre e incierta, es un tanto más fácil que romper la relación. Finalmente, en ocasiones la relación laboral está terminando y deseas ponerle un punto final de la mejor manera posible, con gracia, aprecio y dignidad.

Aquí presento dos preguntas de mantenimiento que te ayudarán a transitar el final y a explorar nuevos comienzos.

1. ¿Deberíamos empezar de nuevo?

Recordarás que una de las virtudes de la conversación clave es que establece un precedente para conversar sobre cómo está funcionando la relación. La salud de tu relación laboral, un tema que a menudo parece intocable, puede ser un eje de debate.

Después de un conflicto de cualquier tipo, ya sea una pequeña alteración de la armonía o una confrontación más significativa, el momento es propicio para reiniciar la relación con otra conversación clave. Tus planes iniciales han tenido un roce con la realidad. La relación aún cuenta con el mismo compromiso compartido, pero ahora hay una serie de nuevos comportamientos, patrones e interacciones con los que trabajar. Una vez más, ambas personas buscan responder a esta pregunta en particular: ¿Qué necesitamos saber sobre la otra parte para que podamos reconstruir la MRP?

Te encuentras en una encrucijada. Si evitas reestablecerla, es probable que la relación continúe deteriorándose. Aprovecha la oportunidad para plantar las semillas de la reparación y recuperación, y la fortalecerás. Ya posees las herramientas que puedes utilizar del apartado de conversación clave. Puedes agregar estas preguntas y formas de pensar.

Mantén la compasión (hacia los demás y hacia ti)

- ¿Cómo te sientes? Así me siento yo.
- Eso me pareció difícil/complicado/desafiante/confuso. ¿Cómo te pareció a ti?

Mantén la curiosidad (sobre cómo habéis terminado en ese lugar)

- ¿Cuáles son los datos y qué hemos interpretado que significan?
- ¿Qué chispa ha desencadenado esto?
- ¿Qué desearías haber hecho de manera diferente? Esto es lo que yo desearía haber hecho de otra forma.
- ¿Cómo haríamos un mejor trabajo si se presenta una situación similar en el futuro?

Mantén el compromiso (hacia la MRP y hacia el proceso de reparación)

- ¿Qué es lo que te gustaría escuchar de mí? Esto es lo que me gustaría escuchar de ti.
- ¿Qué es lo que se necesita decir que aún no se ha dicho?
- ¿Qué más debemos hacer para poder comenzar de nuevo?

2. ¿Cómo terminamos esto?

En ocasiones la decisión no es comenzar de nuevo, sino terminar la relación. Su tiempo se ha extinguido: quizás algo esté irremediablemente roto o su arco se haya completado. Como todo lo demás, las MRP también tienen su tiempo de duración.

No siempre elegimos cómo partir. Ya he mencionado cómo sale Antígono en *Cuento de invierno*...; perseguido por un oso, sin hacer una reaparición, de manera que posiblemente no haya terminado bien. Por fortuna, tú tienes más opciones que Antígono, y puedes decidir cómo terminar. Circunstancias diferentes exigirán respuestas diferentes, pero si puedes tomar la tercera opción que presento aquí abajo tan a menudo como sea posible, has tenido la buena fortuna de contar con la MRP en la que has realizado un trabajo duro, y eso es algo para celebrar.

El fantasma. Decides que no vale la pena el esfuerzo y desapareces sin dejar rastro. Resulta sencillo para ti, pero en general es frustrante y confuso para la otra persona.

El Cortés. Se afirma que el conquistador Hernán Cortés ordenó quemar sus naves al llegar a las costas del Imperio azteca. No habría retorno. Quizás no tengas barcos, pero tienes puentes, aunque no por mucho tiempo. Decides que no solo no vale la pena salvar nada, sino que también les enseñarás a algunas personas exactamente cómo te sientes tras esa experiencia.

El velatorio. El *wake* o velatorio es una gran tradición irlandesa para celebrar la muerte. Hay tristeza y celebración. Es una reunión deliberada para conversar sobre lo que ha terminado. Es generosa, segura, celebratoria. Puedes moldear tu propia versión utilizando algunas de estas preguntas:

- ¿Cuál es la mejor historia que puedes contar sobre esta MRP?
- ¿Qué puede celebrarse? ¿Qué debes agradecer?
- ¿Qué has aprendido? ¿Cómo has cambiado y crecido?
- ¿Qué no hace falta decir? ¿Qué deseas mantener en silencio?
- ¿Cómo luce y suena la dignidad? ¿Cómo podéis ambos «guardar las apariencias»?

El final

Uno de los libros más maravillosos que he leído últimamente es *Cuando el final se acerca*, de Kathryn Mannix. Es una doctora y terapeuta cognitivo conductual británica cuya misión es ayudar a las personas a temerle menos a la muerte. Abarca mucho terreno: la mayoría de nosotros no estamos familiarizados con la muerte y nos angustia, tanto si estamos al final de nuestra propia vida como si alguien que nos importa está muriendo.

Mannix cuenta historias tristes y en su mayoría alegres sobre cómo las personas llegan a tener una buena muerte. Pensar en cómo debemos terminar una relación no es precisamente lo mismo, pero sospecho que podemos utilizar al menos dos puntos clave de su trabajo. En primer lugar, lo desconocido puede ser lo más atemorizante. Tendemos a imaginar catástrofes y pensar lo peor; de hecho, la mayoría de los finales son más calmados y silenciosos de lo que pensamos. En segundo lugar, resulta de utilidad gestionar la experiencia de manera activa para todos los actores del drama. Sí, desear que todo termine bien funciona en algunas ocasiones..., pero el proceso posiblemente tenga más generosidad, presencia y gracia si moldeas y reflexionas acerca de lo que sucede.

Me siento muy conectado contigo...
en el amor y en la catástrofe,
como si estuviéramos en
una aventura juntos.

NICK CAVE

Estamos gloriosamente entrelazados

Esta es una habilidad para toda la vida

Todo consiste en las relaciones

El hecho de que las formas y los recursos para trabajar con otras personas se agrupen bajo la etiqueta de «habilidades blandas» es algo que me pone los nervios de punta. Tenemos «habilidades duras» para la lógica, la programación, lo analítico y todo lo demás; el resto, aquellas cosas suaves, las desestimamos llamándolas «habilidades blandas».

Es un tanto insultante, y se encuentra sumamente en desacuerdo con la manera en la que los científicos actuales ven el mundo. Desde ya hace un tiempo, la ciencia ha estado alejándonos de las unidades como el factor organizador primario de la vida. Lo interesante no se basa en las cosas o los átomos, sino en las relaciones entre las cosas.

La mecánica cuántica (a la que el físico Carlo Rovelli ha denominado «quizás la idea científica más exitosa del mundo. Hasta ahora, nunca se ha equivocado») ha comenzado a analizar las propiedades de las cosas en términos de cómo se relacionan entre sí. Rovelli lo afirma de manera sencilla cuando escribe que una buena teoría científica «no debería versar sobre cómo "son" las cosas o qué es lo que "hacen": debería versar sobre cómo se afectan entre sí».

No todas las relaciones serán fantásticas. Pero todas podrían ser mejores.

La mecánica cuántica nos parece incomprensible a la mayoría de nosotros, pero no es solo en ese campo donde el foco en las relaciones se encuentra en aumento. En una escala más humana, autores como Peter Wohlleben (*La vida secreta de los árboles*) y Suzanne Simard (*En busca del árbol madre*) describen que ningún árbol se encuentra aislado del bosque que lo rodea. Mediante la «red de madera mundial» de hongos microrrícicos, los árboles se comunican entre sí a lo largo de distancias, intercambian recursos y levantan su fortaleza ante el futuro.

Lo que es cierto para átomos y árboles también lo es para nosotros. Nosotros somos nuestras relaciones.

No toda relación laboral será fantástica. Sin embargo, casi todas tus relaciones laborales podrían mejorar. Un compromiso para forjar la Mejor Relación Posible con cada una de tus personas clave es un compromiso hacia un mayor éxito y una mayor felicidad.

Hombre «desaparecido» se une
a la búsqueda para
encontrarse a sí mismo.

BBC WORLD NEWS

Contenido extra: Conócete a ti mismo

Cómo ser más sabio sobre quién eres

Ordena tus naipes

Mi esposa es canadiense. Y no solo canadiense, sino hija de terranovenses. Poseer ADN de Terranova implica una serie de cuestiones. Puedes contar una gran historia. Eres profundamente leal con tus amigos. Y puedes jugar una partida feroz de naipes.

La primera vez que jugué al *cribbage* en la costa este, fui compadecido, burlado y destrozado a partes iguales. No tenía ni idea de lo que estaba haciendo, pero el mensaje era claro: aprende rápido o muere. El *crib* implica hacer asociaciones y cuentas matemáticas rápidas (de las que no debes preocuparte aquí). También implica que seas capaz de ordenar tu mano con rapidez. Se te reparten seis cartas, de las cuales debes conservar cuatro y descartar dos.

Esta sección extra del libro es precisamente eso: una oportunidad para comprender mejor tu mano y qué naipes son los mejores para ti. Ofrece formas de profundizar en tu conocimiento sobre quién eres, cómo conectas, cómo das y cómo recibes.

Para cada una de las preguntas de la conversación clave, he proporcionado dos ejercicios adicionales que amplían el pensamiento y el autoconocimiento. Algunos abordan la pregunta de manera directa; otros, de forma más indirecta.

¿Intrigado? Eso espero.

Sé curiosamente escéptico. Cuando realizo estos ejercicios, intento no verme tentado a pensar que todas mis respuestas son «la Verdad». Algunas veces, representan el primer paso hacia un conocimiento más profundo. Resulta útil ser un poco escéptico sobre el proceso y sobre tus respuestas. Siempre es mejor cuestionar.

Tengo cuatro maneras de «triangular» tus respuestas y cotejarlas con la realidad. También las encontrarás en BestPossibleRelationship.com o escanea el código QR.

Una inmersión más profunda en la pregunta amplificadora

La búsqueda de un poco «más» de cada color se ha intensificado literal y metafóricamente en los últimos años. Comenzó con la invención del Vantablack, un pigmento negro tan negro que absorbe el 99,96 % de la luz. Nunca lo has utilizado y nunca lo harás porque el escultor Anish Kapoor ha logrado adjudicarse los derechos exclusivos para usarlo en su arte. Si eso te parece egoísta, Stuart Semple está de acuerdo contigo: desarrolló Black 3.0 como respuesta a Vantablack, y permitió que cualquier persona del mundo, excepto Kapoor, pudiera utilizarlo.

En los últimos años, Semple desarrolló el rosa más rosado y, a finales de 2021, el blanco más blanco. Inspirado por fuentes tan diversas como el escarabajo fantasma y la luminiscencia vegetal, White 2.0 está compuesto por una mezcla de pigmentos de alta calidad, resinas, blanqueadores ópticos y matificadores que, una vez combinados, reflejan el 99,98 % de la luz. Semple afirma que el White 2.0 es un 50 % más brillante que la pintura blanca más vendida.

Cuando presentas lo mejor de ti, logras brillar con más luz que antes. El primero de estos ejercicios se sirve de diferentes arquetipos para ayudarte a articular tu mejor versión, mientras que el segundo requiere de la ayuda de un amigo.

EJERCICIO

Arquetipos

El viaje del héroe tiene una resonancia muy profunda no solo por la naturaleza del trayecto en sí mismo: cruzar el umbral, avanzar superando los peligros y desafíos, enfrentar y dominar la situación más difícil y emprender el regreso. Su importancia también reside en que un abanico de personajes familiares siempre forman parte de la aventura.

El héroe carga con el peso del viaje sobre sus hombros. Depende de él seguir avanzando por el camino y tomar la decisión definitiva. El mentor actúa como maestro y guía, alguien con una sabiduría adquirida con gran esfuerzo. Está dispuesto a compartir sus historias y cicatrices. El aliado ayuda al héroe, a menudo cortando leña y cargando agua para que este pueda realizar su misión. El aliado es un animador y un recurso. El camaleón se adapta a lo que necesita, y puede camuflarse o hacerse ver según requiera. Es maleable y escurridizo.

Para la primera parte de este ejercicio, pregúntate con qué papel te sientes más cómodo, cuál es el que sueles adoptar con mayor frecuencia. ¿Hay un rol que aspires a tener? ¿Qué papel podría adoptar la otra persona de manera más útil?

Cuatro energías interactúan con esos cuatro roles. Como escribí en *Cómo empezar*, esta sabiduría proviene de las comunidades de las Primeras Naciones de Norteamérica, junto con el ritual de «convocar a las energías» al comienzo de un encuentro. Las cuatro energías son las del guerrero (límites, una línea en la arena, involucrarse en el conflicto, protección férrea); el sanador o amante (consuelo, cuidado, recuperación, sanación, protección gentil); el maestro o mago (conocimiento, aprendizaje, sabiduría, detalles, exploración, experiencia), y el gobernante o visionario (ambición, impiedad, panorama general, estrategia, claridad). ¿Qué energía encarnas normalmente o convocas con mayor facilidad? ¿Cuáles te parecen más elusivas, de modo que dependes de que otros las representen?

EJERCICIO

El amigo fanfarrón

«Eres genial… y lo estás haciendo súper bien.» Esa es la firma de mis correos electrónicos, y mi madre la odia. La detesta.

No solo es demasiado «californiana» para ella por ser una afirmación demasiado exagerada, sino que tampoco es gramaticalmente correcta.

«Lo estás haciendo súper bien —me dice—. ¿Te refieres a "Lo estás haciendo superbién"? Obtuviste una beca Rhodes, ¡por el amor de Dios!».

Mi madre es técnicamente cuidadosa con la gramática. Pero lo que yo sé y ella no, es que todas las semanas recibo un correo o tres que me dicen palabras como: «Gracias por la frase alentadora. La necesitaba».

Muchos nos sentimos incómodos al articular lo mejor de nosotros, y eso sucede por dos razones principales. En primer lugar, la mayoría tenemos una idea confusa sobre qué elección de palabras expresará lo mejor de quienes somos. Una segunda barrera, más significativa, es que incluso aunque contemos con una corazonada sobre qué es lo que nos vuelve geniales, no estamos dispuestos a mencionarlo en voz alta. No queremos ser ese fanfarrón que se autopromociona, que acapara la atención y que toma todo el crédito y asume que la cima de la montaña le pertenece de manera natural.

Aquí tienes una forma astuta de superar tu propia modestia y encontrar las palabras para expresar tus fortalezas técnicas, emocionales y relacionales.

Imagina que estoy hablando con uno de tus mejores amigos. Le pregunto: «¿Qué es lo que tú, [nombre de tu mejor amigo], realmente aprecias sobre [tu nombre, querido lector]?». Continúo: «¿Puedes dejar a un lado los comentarios jocosos, mordaces o sarcásticos durante un instante (aunque, en muchas culturas, después de todo, sean una expresión de amor), y decirlo de manera directa? ¿Qué es lo que hace? ¿Qué es lo que aprecias de manera más profunda sobre lo que él es? Menciona cinco cosas o más».

¿Qué diría tu mejor amigo?

Este ejercicio te ayuda a evitar la incomodidad de conversar extensamente sobre tus propias grandes cualidades. Eso resulta irritante para la mayoría de nosotros. Hablar de ti mismo en tercera persona e imaginar a alguien más diciendo cosas sobre ti te parecerá más objetivo e impersonal. Cuando te ves a ti mismo a través de los ojos de otra persona, a menudo detectas cosas que quizás no habías notado antes.

Una inmersión más profunda en la pregunta constante

René Magritte pintó un cuadro de una pipa y escribió debajo de él: «*Ceci n'est pas une pipe*». Cuando dice «Esto no es una pipa», está destacando de manera explícita cómo categorizamos y reducimos con tanta simpleza lo que vemos. La pintura se llama *La traición de las imágenes*, y es un recordatorio de que las etiquetas que les adjudicamos a las cosas que nos rodean son tan solo unas guías aproximadas y no constituyen la realidad.

Pero a todos nos encanta una buena etiqueta. Son útiles, por supuesto. Los seres humanos son criaturas de patrones y hábitos, y cuando nombramos algo, ese «rótulo» nos dice cómo abordarlo. Cuando completaste el ejercicio «Acerca de mí» en el capítulo de la pregunta constante, estabas descubriendo las etiquetas que te gustaría compartir («No soy realmente un procrastinador..., pero trabajo mejor bajo presión»). Y cuando hablas de ello en la conversación clave, tus etiquetas preexistentes para la otra persona se confirman o se refinan.

Sin embargo, utilizar etiquetas es coquetear con el peligro. Sus descripciones son limitadas, y ellas mismas son pegajosas. Estos ejercicios pueden brindar más matices y complejidad a las etiquetas que ya has establecido para ti mismo. El primer ejercicio te invita a agregar contexto e historia. El segundo rompe con los parámetros binarios para ofrecer más opciones dentro de un espectro.

EJERCICIO

¿Dónde aprendiste tus hábitos de trabajo?

En tu primer o segundo año de trabajo como adulto joven comienzas a comprender en qué te has metido. ¿Qué es esto de «ser adulto»? La escuela (y la universidad, si es que estudiaste ahí), ya fueron demasiado difíciles. Pero un trabajo a tiempo completo... («Espera, ¿debo levantarme y hacerlo todo de nuevo? ¿Y durante otros cuarenta años?») provoca una conmoción en nuestro sistema.

Steve Morrow promueve el *coaching* y el liderazgo en Salesforce, una empresa que genera más de 23.000 millones de euros en ingresos anuales. Conversé con él sobre qué es lo que piensan en su compañía sobre forjar mejores relaciones, y una de las preguntas que suelen hacer es: «¿Dónde has aprendido tus hábitos de trabajo?».

He robado esta técnica de manera descarada. La genialidad de esta pregunta reside en que los hábitos son, por definición, inconscientes: dejamos de notarlos. En este ejercicio, identifica algunos de tus hábitos clave de trabajo y utilízalos como trampolín para rellenar la historia de lo que has aprendido, dónde lo has aprendido y por qué decidiste que era importante. Puede ser algo sobre tus preferencias laborales, sobre cómo te involucras en las relaciones laborales, sobre cómo gestionas el estrés o el conflicto o sobre cualquiera de tus afirmaciones de «Así es como lo hago» en el trabajo.

Si te resulta de utilidad, puedes emplear esta fórmula: «Yo [trabajo de esta manera] porque he aprendido que [historia de cómo aprendiste ese hábito]».

EJERCICIO

¿Calmado o volátil?

El mundo digital nos ofrece una elección muy sencilla. Es un 1 o un 0, blanco o negro, encendido o apagado. Eso funciona para los algoritmos, pero resulta insuficiente para describir la complejidad humana. Sí, algunas de nuestras elecciones son binarias, y has respondido a algunas de esas preguntas en el ejercicio fundamental de la pregunta constante («¿Prefieres la cámara encendida o apagada en una reunión de Zoom?»).

Un ejercicio más complejo y en mi opinión más interesante sería comprender una clase más profunda de preferencia, una que señale corrientes más esenciales de pensamiento. Debido a que esas elecciones existen de manera menos literal y más metafórica («¿Te encuentras más en el foco o en los márgenes?»), las respuestas no están en un extremo o en el otro. En cambio, se trata más de comprender los «premios y castigos» de ciertas polaridades, y dónde podría estar ubicada tu preferencia en un espectro.

Para mí, no existe un juicio de valor en los extremos de los espectros. Por ejemplo, detecto valor tanto en «calmado» como en «volátil».

Pero podrías detectar que algunas palabras funcionan mejor que otras o simplemente no funcionan. Tienes la libertad de elaborar tus propios espectros, aquellos que te sean de mayor utilidad para describirte en toda tu gloria.

¿Dónde te ubicarías en estos espectros? Eres más…

Parte de la multitud	I I I I I I I I I I I	**Solista**
Tranquilo	I I I I I I I I I I I	**Agitado**
Disperso	I I I I I I I I I I I	**Directo**
Sección rítmica	I I I I I I I I I I I	**Guitarrista principal**
Conservador	I I I I I I I I I I I	**Revolucionario**
Oyente	I I I I I I I I I I I	**Hablador**
Amante de la seguridad	I I I I I I I I I I I	**Aventurero**
[__________]	I I I I I I I I I I I	[__________]

Una inmersión más profunda en la pregunta de una buena cita

Una de mis pinturas favoritas de la Galería Nacional de Londres es *El matrimonio Arnolfini*, de Jan van Eyck. Una pareja a cuerpo completo en primer plano en una habitación flamenca. El esposo lleva puesto un enorme sombrero, estilo Jamiroquai (para aquellos que hayan escuchado *rock* en la década de 1990), y un largo abrigo oscuro ribeteado en piel. Él sujeta la mano de su nueva esposa, quien lleva un pomposo vestido de terciopelo verde. Detrás de la mujer hay una cama con dosel de un rojo lujoso, un candelabro increíblemente puntiagudo que cuelga del techo, un adorable perro pequeño que mira hacia arriba desde la parte inferior de la pintura y en la pared del fondo cuelga un espejo redondo.

Lo que más me gusta es el espejo. En él está representado un pequeño retrato del mismo Van Eyck. Es un recordatorio constante de que, incluso aunque sujetes el espejo frente a ti, hay otra mirada que tener en cuenta: la otra persona.

La obra maestra de Van Eyck señala una verdad más profunda: la interdependencia es esencial en la vida. El autoconocimiento no es nada hasta que lo pruebas en el campo de tus relaciones. El líder espiritual Ram Dass lo resumió a la perfección: «Si crees que estás iluminado, comparte una semana con tu familia».

Estos dos ejercicios profundizan en tu conocimiento sobre por qué una relación previa fue sólida y próspera. Ya has explorado lo que tú y la otra persona hicisteis para que fuera así. Esta es una oportunidad de ahondar un poco más.

EJERCICIO

¿Cómo te han amado?

Me he resistido a leer *Los 5 lenguajes del amor*, de Gary Chapman, durante años. Creía que sería el peor libro de autoayuda de todos, un prejuicio reforzado aún más por la portada al estilo romántico Harlequin de la década de 1980. Estaba equivocado. Es un referente tan sencillo como útil. Nuestro lenguaje del amor trata de cómo nos gusta que nos aprecien. Las cinco opciones son: palabras positivas (expresar términos que animen), actos de servicio (hacer cosas útiles), recibir regalos (dar obsequios detallistas), tiempo de calidad (compartir momentos significativos) y contacto físico (cercanía).

Las personas a menudo tienden a «dar» en el lenguaje que más les gusta recibir. Eso es extremadamente útil: ¿cómo expresan los demás su aprecio? Bien, así es como posiblemente les guste recibirlo. Sin embargo, debes ser consciente de que además puede convertirse en un punto ciego: así es como me gusta ser apreciado, de modo que, sin duda, también es así como les gusta ser apreciados a los demás.

En este ejercicio, descubre qué lenguaje del amor te ilumina más. Ahora piensa en relaciones exitosas del pasado e identifica qué formas de aprecio te tocaron la fibra sensible. ¿Qué puedes deducir acerca de cómo das y recibes aprecio?

EJERCICIO

El juego del escondite

Si eres un observador de aves británico (y uno extremadamente apasionado), estarás familiarizado con los escondites: chozas ocultas o recovecos donde puedes permanecer oculto mientras observas la acción de los pájaros (si «acción» no es una palabra muy exagerada). Al parecer, muchos de nosotros también nos retiramos a nuestros escondites en nuestras vidas laborales. Seguramente recuerdes el estudio de Deloitte al que me he referido con anterioridad que describe cómo casi dos tercios de los empleados ocultan partes de sus identidades.

Este ejercicio se llama «El juego del escondite» porque consiste en nombrar tus talentos y luego compartir los momentos en los que los escondes y los momentos en los que decides mostrarlos.

Comienza con tus talentos. Habrás hecho un gran progreso si ya has realizado el ejercicio de «El amigo fanfarrón». Responde a preguntas del tipo: ¿Cuáles son tus mejores contribuciones? ¿Por qué eres conocido? ¿Por qué deberías ser conocido? Tus talentos posiblemente se nutran de una combinación de tu conocimiento técnico, tu experiencia, tus lecciones aprendidas, tus preferencias y aquellas cosas que naturalmente te inclinas a hacer, y la forma en la que trabajas con los demás.

Una vez que reconozcas tus talentos, explora cómo los escondes en algunas de tus relaciones y cómo, en las mejores, has encontrado la manera de hacerlos visibles. ¿En qué momentos dudas de ti mismo y te retraes de la luz? ¿Qué sucede en esas situaciones en las que decides callar y no contribuir? ¿Qué te ha permitido otras veces compartir tus talentos, obtener algunas victorias tempranas, volcar lo mejor de ti en el trabajo?

La importancia de este intercambio me recuerda los versos del poema de W. B. Yeats, *Aedh desea las vestiduras del cielo*: «He tendido mis sueños a tus pies; / Pisa suavemente porque caminas sobre mis sueños».

Es un regalo delicado y preciado para ambos.

Una inmersión más profunda en la pregunta de una mala cita

Ha pasado un tiempo desde que escuché que a los piratas informáticos se los categoriza en *hackers* de sombrero blanco, gris o negro, donde cada color implica un nivel diferente de ética y moral. Estos términos provienen de una época más inocente (ya sabes, cinco o seis años atrás), antes de que nos diéramos cuenta por completo de que éramos víctimas de nuestros propios algoritmos de redes sociales, que algunos Estados ensuciaban las elecciones de otros países y que el método favorito de pago de los chantajistas son las criptomonedas.

Nos imaginamos que, en las antiguas películas de vaqueros, los bandidos siempre llevaban puestos los sombreros negros, y los buenos, los sombreros blancos. Aunque el vestuario de verdad nunca fue tan definido, hay un momento icónico que se desarrolla en el final de la película *Asalto y robo de un tren*, de 1903. Uno de los rostros de los bandidos se enfrenta a la cámara y dispara su revólver hacia la audiencia. Lleva un sombrero negro.

En Reino Unido, el villano también lleva sombrero negro: no un Stetson, sino algo más parecido a un modelo de copa. En la tradición de la pantomima, nuestro villano entra por el costado derecho del escenario (el resto del elenco entra por la izquierda) y su aparición es una señal para que la audiencia abuchee, silbe y grite: «¡Está detrás de ti!».

Y el sombrero negro más famoso de los últimos tiempos es un casco. (Piensa en respiración asmática, problemas con la figura paterna y sables de luz.)

Hablar de relaciones frustrantes, rotas y fallidas es un acto poderoso de vulnerabilidad. Fortalece de inmediato la confianza y hace que sea más probable que tú y la otra persona superéis los momentos más difíciles que inevitablemente llegarán a vuestra relación laboral. El primero de estos ejercicios coloca el sombrero negro en la cabeza del otro; el segundo te brinda la oportunidad de reclamar con firmeza el sombrero negro para ti mismo.

EJERCICIO

¿Qué es lo que los demás malinterpretan sobre ti?

En su pódcast *The Knowledge Project*, Shane Parrish entrevistó a un *coach* en liderazgo llamado Randall Stutman. Este reflexionó así sobre una de las preguntas más reveladoras:

Cuando conoces a las personas por primera vez, ¿qué es lo que malinterpretan sobre ti? ¿Qué es lo que no perciben de manera correcta? ¿Qué sobreestiman o subestiman? ¿Qué es aquello en lo que simplemente se equivocan?

Para Stutman, la respuesta revelará un nivel de autoconocimiento (o no) que resulta útil comprender. ¿Cuán conocedora es esta persona sobre las particularidades de su presencia en el mundo?

Para mí, esta pregunta tiene un impacto de «tres revelaciones al precio de una». En primer lugar, como señala Stutman, es una forma de verte desde fuera e identificar cómo te presentas al mundo. Pone en tela de juicio tu propia certeza sobre tu experiencia vivida. En segundo lugar, puedes contarle a la otra persona de tu conversación clave las maneras en las que eres sobreestimado o subestimado. En la sección siguiente, hay un ejercicio similar pero diferente sobre esta cuestión («¿Es eso un cigarro?»).

Pero la revelación más profunda es que tus respuestas exhiben la distancia entre cómo te juzgas a ti mismo (por tus intenciones) y cómo juzgas a los demás (por sus acciones). Este sesgo explica por qué a menudo tenemos una percepción más elevada de nosotros mismos que la que los demás tienen de nosotros. Si las cosas no funcionan exactamente según lo planeamos (y, seamos honestos, ¿alguna vez las cosas funcionan exactamente como las planeamos?), al menos sabes que tu intención era buena. Sin embargo, cuando otros cometen errores, no tienes acceso a sus intenciones, de manera que el valor reside en lo que sabes que han hecho o no hecho. Tus respuestas pueden despertar tu curiosidad acerca de la distancia que hay entre las intenciones y la percepción de las acciones, tanto las propias como las ajenas.

Entonces, ¿qué es lo que los demás malinterpretan sobre ti? Y, si quisieras ahondar un poco más, ¿cuál es la verdad fundamental sobre quién eres que se encuentra en el centro de sus percepciones erróneas?

EJERCICIO

Reclama tu papel de villano

Esta es tu oportunidad de tomar tu sombrero negro favorito y lucirlo con fuerza y orgullo. Aquí presento siete acciones esenciales de los villanos junto con un personaje ficticio para cada uno. En este ejercicio, menciona dos o tres estrategias principales que hayas utilizado durante años. (Responder «ninguna de las anteriores» no es una opción.)

- Traición (romperé mis promesas; por ejemplo, Macbeth).
- Abandono (te ignoraré; no eres merecedor de mi tiempo; por ejemplo, Miss Havisham, de la novela de Dickens *Grandes esperanzas*).
- Opresión (los mantendré en esta jaula; por ejemplo, la bruja de *Hansel y Gretel*).
- Tentación (te alejaré de tu camino; por ejemplo, Darth Vader en *La guerra de las galaxias*).
- Obsesión (no dejaré que nada se interponga en mi camino; por ejemplo, el capitán Ahab, de *Moby Dick*).
- Acoso (te haré saber quién manda; por ejemplo, Dolores Umbridge, de *Harry Potter*).
- Destrucción (destruiré lo que has construido y lo que eres; por ejemplo, el presidente Snow en *Los juegos del hambre*).

Ahora bien, si fueras un actor al estilo de Daniel Day Lewis, querrías comprender la motivación que hay detrás de ese comportamiento. ¿Se trata de inseguridad o de si eres apto para el trabajo? ¿Piensas que tu estatus o ambición se encuentra en peligro? Quizás te hayas visto en el lugar de víctima y deseas que otros sufran como tú. Quizás haya una sensación de necesidad en la raíz de tu comportamiento.

Con suerte no te reconocerás en todas estas estrategias arquetípicas. De la misma manera, no afirmes que nunca has adoptado una o más. La pregunta que vale la pena hacerse es: «Si tuvieras que escoger uno de estos papeles de villano, ¿cuál sería?». Piensa en un momento en el que hayas estado bajo estrés. En esas situaciones es donde el comportamiento cuestionable suele aparecer.

Una inmersión más profunda en la pregunta reparadora

En la Primera Guerra Mundial, un batallón estadounidense se vio atrapado detrás de las filas enemigas. Su posición se tornó incluso más peligrosa cuando su propio bando comenzó a abrir fuego en su contra. Tenían que enviar un mensaje a través de sus filas. Pero ¿cómo? Sin radio, el cuerpo de comunicaciones dependía de palomas entrenadas para transmitir mensajes. La primera ave que liberaron de inmediato fue asesinada por un francotirador alemán. La segunda encontró el mismo destino. La última, Cher Ami, era la última esperanza.

La liberaron, logró orientarse y comenzó su peligroso viaje. El francotirador disparó y la hirió. Pero esta vez la paloma siguió volando. Gravemente herida, Cher Ami logró llegar al cuartel general y transmitir el mensaje, por lo que se reestableció la conexión y el batallón sobrevivió. Cher Ami quedó ciega y perdió una pata, pero siguió viva. A modo de celebración de su vuelo heroico, la paloma recibió la Cruz de Guerra y finalmente la embalsamaron y exhibieron en el Smithsonian, en Washington D. C.

En el ejercicio de «Tender puentes» del capítulo de la pregunta reparadora, el foco se encuentra en la «paloma». ¿Cómo cruzas el campo de batalla y restauras una conexión rota? Estos dos ejercicios se enfocan más en los peligros a los que se enfrenta la paloma. El primero te ayuda a adquirir una mayor consciencia sobre qué acciones podrían dañar de manera inadvertida tu relación, y el segundo te invita a comprender tu respuesta al estrés; una respuesta que puede malinterpretarse y luego exacerbar la herida inicial de la relación.

Ejercicio

¿Es eso un cigarro?

A Sigmund Freud se lo conocía por analizar sueños en busca de símbolos. ¿Una casa de paredes lisas? Eso representa un hombre. Una casa con balcones aptos para, bueno, ¿aferrarse? Probablemente una mujer. ¿Parásitos? Seguramente algo con niños. Pero incluso Freud tuvo que admitir que algunas veces un cigarro es tan solo un cigarro.

Para abordar este ejercicio, recuerda malentendidos pasados, momentos en los que los demás al parecer malinterpretaron algo que hiciste. Identifica las equivocaciones que suelen repetirse, ya que eso representa una buena predicción de que la situación volverá a ocurrir en el futuro. ¿Cuándo te ha parecido desproporcionada la reacción? Haz explícito lo que sucede, lo que tú crees que significa y cómo tus acciones se interpretan de la manera incorrecta.

Tus respuestas a las acciones de otras personas suelen ser puntos críticos de malinterpretación. Te quedas en silencio o haces preguntas, o no las haces, o frunces el ceño, o levantas las cejas, o pides más información, o te vas por la tangente. Ni siquiera piensas en ello: es simplemente lo que haces. Sin embargo, para la otra persona, esas respuestas están cargadas de significado y son provocadoras.

Es probable que el malentendido esté centrado en la trilogía de Howard Markman de poder y control, confianza y cercanía, y respeto y reconocimiento. ¿Acaso las personas piensan que estás intentando tomar el control, alejarlas o menospreciarlas de alguna manera?

Utiliza esta fórmula si te resulta de utilidad: «Cuando hago/digo [x], significa [esto] y rara vez [esto]». Te funcionará mientras realizas este ejercicio, y puedes utilizarla nuevamente, si lo deseas, en la conversación clave.

Los malentendidos que sucedieron en el pasado sucederán en el futuro.

EJERCICIO

Bajo estrés

Cuando las cosas salen mal, tu cerebro primitivo y tu cuerpo deciden cómo reaccionar mucho antes de que la mente racional siquiera esté al tanto de lo que está sucediendo. Los latidos de tu corazón y tu presión sanguínea aumentan, las pupilas se dilatan, los hombros se elevan a la vez que tu cuerpo se tensa, y contienes la respiración.

Te estás preparando para una de las tres respuestas principales, y ya has escuchado hablar de, al menos, dos de ellas: lucha o huida. Existe un debate sobre cómo nombrar a la tercera, pero me gusta la sugerencia de Terry Real de llamarla «reparación».

La lucha considera el ataque como la mejor forma de defensa. Puede ser ruidosa y caótica, fría y cruel. La huida trata de retirarse. En ocasiones es física; en otras, te encuentras presente, pero levantas un muro y te desconectas. La respuesta de quedarse paralizado forma parte de la respuesta de huida. Y la respuesta de reparación es el «modo de rescate», que consiste en tomar toda la responsabilidad por hacer que las cosas mejoren, a menudo con una dosis no saludable de autoinmolación.

Tú tienes una respuesta favorita y entrenada. En este ejercicio, identifica cuál es tu respuesta clásica cuando te encuentras bajo estrés. Ve más allá de la lucha, huida o reparación. ¿Cómo actúas específicamente? ¿Atacas? Y de ser así, ¿cómo se presenta? ¿Es una respuesta ruidosa y caótica o tranquila y astuta? ¿Desapareces? ¿Qué significa eso? ¿Dejas de responder o respondes, pero lo haces de una manera pasivo-agresiva? ¿O te paralizas? ¿Comienzas a despotricar y culpar a otros? ¿Te ofreces como sacrificio y haces lo que sea necesario para «mejorar» la situación? ¿Pareces volverte tonto o calmado, o intentas salir del foco?

Compartir mutuamente esta información en tu conversación clave ofrece el beneficio agregado de ser capaz de detectar el comportamiento de respuesta al estrés de la otra persona («Ah, se encuentra en modo de "arreglarlo todo"»). Puedes señalar lo que está sucediendo («Noto que...») y preguntar sobre ello («¿Hay algo que te esté estresando en este momento?»).

«¿Desde cuándo —preguntó él—
el primer y último verso de cualquier poema es
donde el poema comienza y termina?».

SEAMUS HEANEY

Las partes jugosas al final

Preguntas comunes sobre la MRP
Cómo ahondar un poco más
Recursos e investigación
Agradecimientos

Preguntas comunes sobre la MRP

A Yogi Berra, filósofo del béisbol, se le atribuye haber dicho: «En teoría, la teoría y la práctica son lo mismo. En la práctica, no lo son». (En un giro perfecto, en la práctica él no dijo eso en realidad.) Después de haber leído la teoría, sin duda tendrás preguntas sobre cómo este proceso funcionará para ti y las personas que te rodean. No tengo todas las respuestas, pero haré mi mejor esfuerzo.

¿Alguna vez se vuelve más fácil y menos incómodo?

Sí, así es. A medida que aprendes las sutilezas sobre qué preguntar y qué responder, y cómo convivir con la dificultad de hacer que las relaciones mejoren, te vuelves más relajado y habilidoso. Sin embargo, siempre conlleva trabajo, y siempre requiere valentía.

¿La disfunción desaparece?

Ja, ja, ja, ja, ja. Ah, espera, ¿en serio? No, la disfunción, la decepción y la frustración son una parte integral de las relaciones humanas. Seguro que has observado a parejas y pensado: «¿Qué está sucediendo? ¿Es esa una relación sana o está rota?». Pero la disfunción suele disminuir, y se la suele gestionar de manera más fácil cuando te comprometes a la Mejor Relación Posible.

¿Funciona para todas las relaciones?

No. De ahí la palabra «casi» del título de este libro. Requiere que ambas partes se involucren hasta cierto punto. Si asumimos que tú te tomas el proceso en serio, la otra persona también debe desear que funcione, o al menos no debe ignorar activamente si funciona o no. Sin embargo, le importará a más personas de las que esperas. Es probable que algunas sean manipuladoras, arrogantes, egocéntricas y completamente indiferentes. Pero la mayoría de las personas quieren tener la Mejor Relación Posible.

También es importante reconocer la diferencia de poder en muchas relaciones. Algunas veces es jerárquica (un jefe y su empleado) y en otras entran en juego diferentes factores sociales: género, raza, diferencia de edad, etcétera.

Reconozco que en ocasiones estas diferencias son insalvables. También creo que la conversación clave de la MRP es una de las maneras de acortar las diferencias de poder y de hacer que sea más fácil forjar relaciones «de adulto a adulto».

Me encuentro al comienzo de mi carrera. ¿Puedo hacer esto?

Sin duda, puedes comenzar a hacerlo desde un principio. Esta es una idea tan poderosa que cuanto antes comiences, más rápido te trasladarás de la incompetencia hacia la competencia. Sin embargo, debo aclarar que será más fácil si ya has tenido algo de experiencia con lo bueno, lo malo y lo complejo de las relaciones laborales. Cuando comienzas a trabajar, eres (de manera útil y poderosa) optimista e ingenuo. Este trabajo se vuelve más realista si algo de eso ya ha sido desgastado.

¿Funcionará con mi jefe?

En general sí, pero no siempre. Algunos jefes estarán encantados de que desees forjar la MRP con ellos. Muchos se mostrarán un tanto cautelosos y confundidos porque nadie lo habrá intentado antes. Y algunos no estarán interesados en lo más mínimo. Personalmente, cuando me he topado con esa clase de jefe, he terminado buscando un nuevo puesto u otro trabajo.

¿Puedo tener la MRP con alguien que no me gusta?

Sin duda. De hecho, ese es uno de los mejores «casos de uso» para la MRP. En su mayoría, puedes arreglártelas con personas que te gustan. Pero cuando trabajas con alguien con quien «no conectas», ¿cómo logras tener tu mejor oportunidad de éxito y haces que sea lo menos mala posible? Efectuando el proceso MRP con esa persona.

¿Puedo solo hacer las preguntas pero no responderlas?

Hablo sobre este tema en la sección principal del libro, pero vale la pena repetirlo: no te limites a solo formular las preguntas. Si lo haces, reduces de manera significativa la posibilidad de que tu relación sea la MRP. En el corazón de la Mejor Relación Posible se encuentra un grado de apertura y vulnerabilidad compartido, un intercambio que se siente equitativo en ambas partes. Si solo se demuestra vulnerabilidad en uno de los extremos, la relación se enfrentará a dificultades para ser segura, vital y reparable.

¿Qué sucede si la otra persona tiene una visión distorsionada de sí misma?

Bueno, todos tenemos la propia imagen un tanto alterada. Pero asumamos que esta persona está demasiado equivocada. Eso vuelve las cosas más difíciles, por supuesto. Pero forjar la MRP acorta un poco esa distancia. Existe la oportunidad de decir algo como «Tú has dicho que harías esto, y ahora estás haciendo lo opuesto. ¿Por qué piensas que es así?». Con fortuna, todos nos volvemos más sabios sobre quiénes somos y cómo trabajamos con los demás como resultado de este proceso.

¿Cuánto tiempo lleva una conversación clave?

Apunta a que dure más de diez minutos y menos de media hora. «Los resultados pueden variar», como dicen en la publicidad, y todo depende de la otra persona y del contexto.

¿Cómo sé si ha funcionado?

En las primeras páginas, hablé sobre cómo el éxito de la conversación clave es más sutil de lo que esperarías. Creo que lo más poderoso sobre este proceso es que te otorga el permiso para seguir hablando sobre la salud de la relación. Más allá de las respuestas de la conversación clave, desbloqueas una habilidad y compartes el compromiso de realizar el mantenimiento de la relación.

Cómo ahondar un poco más

MBS.works: desbloquea la grandeza

Ofrecemos la confianza, la comunidad y los programas para ayudarte a desbloquear tu grandeza y la grandeza de otros. Te ayudamos a trabajar mejor con otras personas y a sacar lo mejor de ellas. Enseñamos las herramientas prácticas de *The Coaching Habit*, *The Advice Trap* («La trampa del consejo») y *Cómo trabajar con (casi) todo el mundo.*

Te ayudamos a encontrar tu próximo gran proyecto. Basándonos en *Cómo empezar*, tenemos un programa que te ayudará a encontrar y comenzar tu propio «Objetivo Digno» (algo emocionante, importante y abrumador) y una comunidad llamada The Conspiracy para ayudarte a encontrar el apoyo y el aliento para trabajar en ello.

Box of Crayons: sé curioso sobre tus desafíos reales de organización

La organización Box of Crayons cree que las culturas impulsadas por la curiosidad son más resilientes, innovadoras y exitosas.

Somos una empresa de aprendizaje y desarrollo que ayuda a las organizaciones a dejar de estar centradas en los consejos para enfocarse en la curiosidad.

Box of Crayons ofrece un programa basado en los marcos teóricos de los libros superventas *The Coaching Habit* y *The Advice Trap*. Nos asociamos con empresas de gran renombre para ayudar a los participantes a practicar la curiosidad al hacer más y mejores preguntas a la vez que evitan caer en la tentación de ofrecer consejos, junto con un proceso paso a paso para abordar desafíos reales desde estos cimientos.

Descarga el documento «From Troublemaker to Changemaker: How to Harness Curiosity to Build Resilience and Innovation» («De problemático a agente del cambio: cómo cultivar la curiosidad para desarrollar resiliencia e innovación»), que destaca los resultados organizacionales de la curiosidad. Para más información visita BoxOfCrayons.com o escanea el código QR.

Recursos e investigación

Estos son mis recursos favoritos, que aprendí y tomé como referencia mientras escribía este libro.

Sobre autoconocimiento y desarrollo personal

Brené Brown, *Atlas of the Heart: Mapping Meaningful Connection and the Language of Human Experience.* Al parecer, existen muchas más emociones que las cinco que yo suelo expresar.

Susan David, *Emotional Agility: Get Unstuck, Embrace Change, and Thrive in Work and Life.* Susan es una gran maestra, y me encantó su conversación en el pódcast de Brené Brown.

Dick Richards, *Is Your Genius at Work? 4 Key Questions to Ask before Your Next Career Move.* Este libro se encuentra repleto de ejercicios útiles para descubrir aquello en lo que eres genial.

Daniel Siegel, *Mindsight: The New Science of Personal Transformation.* El primer libro que me hizo considerar ir a terapia. La manera en la que habla sobre todas las diferentes integraciones que son posibles es provocadora y útil.

Sobre las dinámicas de las relaciones

Robert Bolton, *People Skills: How to Assert Yourself, Listen to Others, and Resolve Conflicts.* Ahora, publicado hace más de cuarenta años, resulta un tanto anticuado de leer, pero está lleno de verdades esenciales.

Gary Champan, *Los 5 lenguajes del amor: el secreto del amor que perdura.* Comparte conceptos valiosos sobre formas de expresar aprecio que funcionan.

Robin Dunbar, *Friends: Understanding the Power of Our Most Important Relationships*. El «número de Dunbar» es 150: el número de relaciones que podemos gestionar. En este libro Dunbar explica por qué (y por qué 150 no es el único número que importa).

John Gottman, *Los siete principios para hacer que el matrimonio funcione* y *The Relationship Cure: A 5 Step Guide to Strengthening Your Marriage, Family, and Friendships*. Gottman expone conceptos respaldados por investigaciones sobre lo que realmente se necesita para crear éxito.

Adam Grant, *Dar y recibir: por qué ayudar a los demás conduce al éxito*. Conceptos basados en la ciencia sobre cómo desarrollar una reciprocidad saludable.

Esther Perel y sus pódcasts *How's Work?* y *Where Should We Begin?* Me encanta escuchar cómo las relaciones cambian y evolucionan en sus sesiones. Y su juego *Where should we begin?* también es magnífico.

Philippa Perry y sus columnas en el periódico *The Guardian*. Ella es determinada y amable, y tiene el don de comprender algunas de las dinámicas más sutiles.

Terrence Real, *Us: Getting Past You & Me to Build a More Loving Relationship*. Este libro es maravilloso, pero creo que la formación en línea es incluso mejor.

Sobre conflictos, peleas y reconciliaciones

Liane Davey, *The Good Fight: Use Productive Conflict to Get Your Team and Organization Back on Track*. Este libro es particularmente útil para comprender que el conflicto puede ser una parte útil en el crecimiento de un equipo y en el éxito organizacional.

Judith Hanson Lasater y Ike K. Lasater, *What We Say Matters: Practicing Nonviolent Communication*. El mejor libro que he encontrado sobre cómo trasladar a la práctica el marco teórico de Marshall Rosenberg.

Cinnie Noble, *Conflict Mastery: Questions to Guide You*. Libro pionero para el *coaching* sobre la gestión de conflictos y la mediación.

Amanda Ripley, *High Conflict: Why We Get Trapped and How to Get Out*. Ofrece herramientas prácticas para reducir la intensidad de un conflicto.

Douglas Stone, Bruce Patton y Sheila Heen, *Difficult Conversations: How to Discuss What Matters Most*. Más conocidos por sus obras pioneras sobre cómo dar y recibir *feedback*.

Puedes descargar la lista de mis libros favoritos, que he recomendado en este libro y en todos mis libros anteriores, en BestPossibleRelationship.com o escanea el código QR.

Agradecimientos

Gracias a Marcella. Eres mi mejor relación y mi mejor lectora. Tu guía y aliento han moldeado este libro, como todos los demás.

Gracias al equipo de MBS.works. Estamos creando algo especial ahí, y me siento agradecido por vuestra ayuda. Gracias a Ainsley, Amanda, Audra, Cindy, Claudine, Jessica, Sarah C., Sarah N. y Tugba.

Gracias al equipo de Box of Crayons. Ha sido extraordinario ver cómo continúan prosperando y creciendo desde que di un paso al lado. Gracias en particular a la doctora Shannon Minifie, la maravillosa directora ejecutiva de Box of Crayons.

Gracias a mis compañeros de revisión, el doctor Jason Fox, Courtney Hohne y Kate Lye. Sus comentarios fueron fundamentales para hacer que este libro sea mejor.

Gracias al equipo de Page Two. Este es el cuarto ensayo que publico con esta maravillosa organización, y creo que representa lo mejor de la industria. Si tienes una idea para un libro que forme parte de un proyecto más ambicioso, este podría ser tu equipo. Gracias en particular a mi editora, Kendra Ward; a mi diseñador, Peter Cocking; a mi correctora, Jenny Govier; a mi maestra de las ventas, Lorraine Toor; a los genios de operaciones Gabi Narsted, Caela Moffet, Melissa Kawaguchi y Rony Ganon; a las especialistas en *marketing* Maddie Taylor y Meghan O'Neill, y a los fundadores, Trena White y Jesse Finkelstein.

He intentado llevar a cabo un experimento con este libro: recabar comentarios del público sobre un primer borrador. Me resultó un poco abrumador, pero increíblemente útil. Gracias a los MUCHOS primeros lectores del segundo borrador, que sin duda contribuyeron a que este proyecto se convirtiera en un libro completamente diferente (espero incluir a continuación a todos los que contribuyeron).

Aileen Coombe, Ainsley Brittain, Alberto Cabas Vidani, Alejandro Reyes, Alex Czekalla, Alexandra Lise, Alison Parrin, Allison Allen, Allison Dell, Amanda Gavigan, Amber Caso, Andi Cuddington, Andrea Gomez-Ifergan, Andrea Hannah, Andrea Miller, Andrea Wanerstrand, Andrew Cromwell, Andrew Dolan, Andrew Kilshaw, Andrew Stotter-Brooks, Angela Quinn, Anjana Bhaskaran, Ann Schulte, Barb Haines, Barbara Ann Shepard, Ben Widdowson, Benjamin Wipperman, Beri Meric, Beth Thompson, Betsy Dugas, Bill Brennan, Blair Steinbach, Bob Huff, Bonita Lane, Brad Field, Brenda Ammon, Britta Christiansen, Bruce Morgan, Calvin Strachan, Cara Williams, Carole Hackett, Carolina Figueredo, Caroline Gwynne, Caroline Schein, Carolyn Jones, Carolyn Reimer, Carolyn Richardson, Carolyn Taylor, Cathy Allen, Chantal Thorn, Cheryl Lower, Cheryl Naylor, Chris Hagen, Chris Lubrano, Chris Taylor, Christina Frowein, Christina Watt, Christopher Peter Makris (CPM), Cindy Snyder, Cinnie Noble, Claudine Plesa, Conni LeFon, Courtney Hohne, Dan Bigonesse, Dan Pontefract, Dane Jensen, Darci Hall, Darryl Wright, Dave McKeown, Dave Stachowiak, David Baldwin, Deborah Aurianivar, Deborah Hartmann, Deborah Sikkema, Debra Brooks, Debra Taylor, Derek Hill, Deseri Garcia, Dimitra Giatsi, Donald MacRae, Ed Sullivan, Eileen Cooke, Elena Holtham, Emily Lundi Mallett, Emily O'Toole, Emma Aylett, Erin Blanding, Evan Smith, Frank Monteleone, Frank Nguyen, Gabrielle Martinovich, Garry Ridge, George Kralidis, German Durand, Gina Rogers, Gladys Brignoni, Greg Deitz, Greg Thomas, Gus Stanier, Gwenydd Jones, Heinrich Scharp, Helen Naoumov, Hélène Bellerose, Howard Parsons, Iain Milne, Jacob Morgan, Jake Redding, Jan de Zwarte, Jane Ruthford, Janet Weinstein, Jason Chickosis, Jason Ewert, Jason Fox, Jason Philibotte, Jeanette Thomas, Jeanine Delay, Jeff Gill, Jeff Raab, Jenica Veenstra, Jenn Krueger, Jenna Minifie, Jerry Klems, Jesper Thorson, Jesse Sostrin, Jill Murphy, Jo Stephenson, Joe Ilvento, Joe Whittinghill, John Mattone, Jon Nastor, Jonathan Hill, Jorge Giraldo, Joshua Gold, Jowi Taylor, Joyce Kristjansson, Julianna Morris, Julie Clow, Karen Eisenthal, Karen Hunt, Kasia Seremet, Kate Brown, Kate Lye, Kathy Johnson, Kay Aurand, Kelly Drewery, Kelly Kunzman, Kelly Pereira, Keturah Hallmosley, Kevin D. Wilde, Kevin Kernohan,

Kimiko Mainprize, Klaus Krauter, Kris Jensen, Kristen Roberts, Kristin Caldwell, Kyla Devereaux, L.J. Viau, Laun Ruttenberg, Laura Gassner Otting, Laurie Sanci, Lenka Kotousova, Lesley Hayes, Leslie Watts, Linda Mallory, Lindsay McMurray, Lisa Fox, Lisa Hughes, Lisa Sretenovic, Lisa Wallace, Lisa Zarick, Liz Broad, Lori Gauld, Lori Harding, Lori Jeschke, Luis Saldana, Lynn Field, Lynn Hare, Lynn McGinnis, Madelyn Toliver, Magdy Karam, Marc Hildreth, Marc Hoffman, Marjorie Malpass, Mark Ellis, Mark Lainton, Mark Reinsbach, Mark Silverman, Mark Skillings, Mary Ann Rudolph, Mary Kalkanis, Mary Sheldon, Matt Tod, Maya Razon, McCormac Adam, Megan Pow, Michael Bland, Michael Leckie, Michael McGuire, Michael Molinaro, Michelle @ d3design, Michelle Benning, Michelle McCauley, Mike Olsson, Misha Gloubeman, Morgan Storie, Nadia Ballantine, Narumi Isoda, Natalie Miller-Snell, Niamh Hyland, Nicholas Stirling, Nicola Fisher, Nicole Halton, Nicole Liddell, Nigel Stanier, Noreen Newton, Ozan Varol, Padraig O'Sullivan, Parham Doustdar, Paul Allen, Paul Trudel, Pauline Lee, Peter Howard, Phil Wylie, Prina Shah, Rachael Acello, Rachel Gorman, Renee Freedman, Rick Brown, Rick Yvanovich, Robert Whitehouse, Robin Jarvis, Roderic Chabot, Ronak Sheth, Ruslanas Miliunas, Sacha Luthi, Sandra L. Schmidt, Sandra Stellhorn, Sanya Ristic, Sarah Kubicki, Sarah Neumann, Sarah Philp, Scott Sneddon, Sean Bartman, Shakila Majid, Shannon Minifie, Sharon Hazard, Shirley Von Sychowski, Shoshana Bloom, Simon Fletcher, Simon Raby, Sinéad Condon, Soni Basi, Stanislao Bianchini, Stefan Nemecek, Steinar Hjelle, Stephanie Hardman, Stephanie McRae, Stephanie Tower-Doberstein, Steve Morris, Steven D'Souza, Steven Hermans, Stewart Pollard, Stuart Crabb, Sue Donnelly, Sue Easby, Susan Bartley, Susan Collett, Susan Lynne, Susie McNamara, Suzanne Schapira, Tammi Jew, Tammy Williams, Tara Deakin, Teri Hassell, Thomas Sebastiao, Thornley Bay, Tiffany Foster Rech, Tina Kao Mylon, Tobin Smith, Toni McLean, Tracy Ferry, Tricia Rolls, Trish Gooch, Uma Santini, Vanessa Le, Victoria Pile, Vipul Malhotra, Vivian Campbell, Whitney Hinshaw Sullivan y Zsuzsanna O'Neill.

Ten la osadía de soñar con una gran relación laboral.

JACQUELINE NOVOGRATZ